中国教育科学研究院2016年度基本
科研业务费专项资金所级部门项目
课题批准号：GYH2016005

我国普通高中发展报告2016

研究成果

中国普通高中发展

十大热点难点解析

中国教育科学研究院高中教育课题组 著

西南师范大学出版社
国家一级出版社 全国百佳图书出版单位

图书在版编目(CIP)数据

中国普通高中发展十大热点难点解析 / 中国教育科学研究院高中教育课题组著. — 重庆：西南师范大学出版社，2020.6
ISBN 978-7-5697-0233-0

Ⅰ.①中… Ⅱ.①中… Ⅲ.①高中–教育发展–研究–中国 Ⅳ.①G639.21

中国版本图书馆CIP数据核字(2020)第064008号

中国普通高中发展十大热点难点解析
ZHONGGUO PUTONG GAOZHONG FAZHAN SHI DA REDIAN NANDIAN JIEXI

中国教育科学研究院高中教育课题组 著

责任编辑	：应　娟　路兰香
装帧设计	：⊂⊃起源
排　　版	：夏　洁
出版发行	：西南师范大学出版社
	地址：重庆市北碚区天生路2号
	邮编：400715　网址：http://www.xscbs.com
	市场营销部电话：(023)68868624
经　　销	：新华书店
印　　刷	：重庆市国丰印务有限责任公司
幅面尺寸	：170mm×240mm
印　　张	：12.75
字　　数	：230千字
版　　次	：2020年7月　第1版
印　　次	：2020年7月　第1次印刷
书　　号	：ISBN 978-7-5697-0233-0
定　　价	：58.00元

前 言

高中阶段教育是国民教育体系的重要组成部分,连接着义务教育和高等教育,发挥着承上启下的关键性作用,被喻为国民教育体系之"腰"。普通高中教育与中等职业教育、成人中专教育等一起构成了高中阶段教育,承担着拔尖创新人才"蓄水池"的重要功能。国家在发展高中阶段教育时,不仅关注高中阶段教育普及的进程,更关注高中阶段教育普及的效果,将高中阶段教育发展政策提高到了一个新的战略高度。全面普及已经成为当前和今后一段时期高中阶段教育发展的核心导向。进入21世纪后,国家高度重视普通高中教育的改革与发展,尤其是近10年来,国家对普通高中教育的发展做了较为全面的谋划和布局,为普通高中教育发展实现《中国教育现代化2035》目标奠定了坚实的政策基础,同时也提出了更高的要求。纵观过去一段时期普通高中教育的发展,我们可以看到,在政府、学校、社会各方的共同努力下,普通高中教育发展已经取得了不小的成就,而改革普通高中育人方式则成为普通高中教育发展的首要任务。

一、普通高中教育规模进入高位稳定发展阶段

2007年至今,普通高中教育保持高位稳定发展,普及水平大幅提高。2007年普通高中在校生规模达到历史高位2522.4万人,从2008年到2018年,其间虽然略有波动,但基本维持在2400万人上下。《2018年全国教育事业发展统计公报》统计数据显示,2018年,普通高中学校13737所,在校生数2375.37万人,占高中阶段教育在校生总人数3934.67万人的60.4%。从当前小学和初中各年级在校生规模来看,随着高中阶段教育普及程度的提高以及普通高中和中等职业学校定位和功能的进一步明确,未来几年普通高中教育规模将可能出现一定的变化。

东中西部地区普通高中教育发展情况不尽相同,东部地区的发展水平相对较高,中部和西部地区的相对较低,但在加快普及高中阶段教育政策的推动下,中西部地区普通高中教育发展相对较快。受适龄人口数量变化的影响,东部和中部地区普通高中招生人数呈现明显的下降趋势,而在国家大力推动中西部教育发展政策的驱动下,西部地区普通高中招生规模在经过快速扩大后进入稳定发展阶段,东中西部地区招生规模差距明显缩小。

普通高中学校依然向城区和镇区集中。2018年,我国常住人口城镇化率达到了59.58%[1],城镇化水平明显提高。在城镇化过程中,原有农村地区普通高中学校高中阶段教育适龄人口变少,生源逐渐减少,从而加速了农村高中的消亡和城镇普通高中规模的扩大。与此同时,受到面向农村地区的高考招生专项计划以及加快中西部教育发展政策的推动,农村普通高中学校数量和学生数量减少趋势明显缓解,甚至数量微有增加。

在多重政策的刺激下,民办普通高中数量快速增加,且在一贯制学校中更为明显。2012年以来,民办高中数量开始增加且在2016年到2018年都保持7%以上的增幅,显示出民间力量参与高中教育的积极性。2018年,全国民办普通高中学校3216所[2],占全国普通高中总数的23.41%,民办高中占比和增长率均有所提升,2000年之后出现的"国进民退"现象有所缓解。

二、普通高中教育政策框架日臻完善

21世纪以来尤其是近10年,普通高中教育政策框架日臻完善,国家出台了涉及高中学生资助、课程改革、考试招生、校长专业标准等多方面的政策文件,为下一步全面普及高中阶段教育提供良好的政策基础。学生资助政策方面:2008年《财政部 教育部关于对汶川地震重灾区家庭经济困难学生实施特别资助政策的通知》拉开了针对普通高中学生进行资助的序幕,2010年《财政部 教

---

[1] 2018年国民经济和社会发展统计公报[EB/OL].[2019-02-28].http://www.stats.gov.cn/tjsj/zxfb/201902/t20190228_1651265.html.[2019-08-01].
[2] 2018年全国教育事业发展统计公报[EB/OL].[2019-07-24].http://www.moe.gov.cn/jyb_sjzl/sjzl_fztjgb/201907/t20190724_392041.html.[2019-08-01].

育部关于建立普通高中家庭经济困难学生国家资助制度的意见》和《普通高中国家助学金管理暂行办法》出台后,普通高中学生资助体系正式形成。课程改革方面:继2003年普通高中课程改革开启后,2017年教育部对普通高中课程标准进行修订,出台了《普通高中课程方案和语文等学科课程标准(2017年版)》,这是未来10年甚至更长一段时间里普通高中课程改革的指导性文件。考试招生方面:国家从普通高中招生和高考招生考试录取两个阶段入手,对高中阶段教育尤其是普通高中教育的入口和出口做了谋划,先后出台了《国务院关于深化考试招生制度改革的实施意见》《教育部关于进一步推进高中阶段学校考试招生制度改革的指导意见》等文件,对高中阶段考试招生进行了全面、系统布局。同时,为了提升普通高中教育质量,教育部出台了《普通高中校长专业标准》,试图通过校长专业水平的提升来促进普通高中整体水平的提升。2019年,《国务院办公厅关于新时代推进普通高中育人方式改革的指导意见》对新时代普通高中教育的发展提出了更高要求。

三、普通高中育人方式改革重在落实

普通高中教育在发展过程中,尽管遇到了大班额问题突出、学校同质化现象突出、区域差距仍然存在、学校办学活力释放不充分等问题,但改革仍在持续推进。面向"教育现代化2035"的发展目标,在推进全面普及高中阶段教育的过程中,普通高中教育的主要任务是改革育人方式,从而不断提升育人质量,满足人民群众和国家发展的需要,这也是普通高中教育回归教育本质的体现。促进普通高中育人方式改革一方面需要良好的政策和制度环境,另一方面也需要学校自身在办学实践中不断探索。

第一,合理加大普通高中教育投入,重点改善教育基础薄弱地区普通高中的办学条件和提高办学水平,扩大优质教育资源配置,适当提高中央财政教育经费投入比例。随着高中教育普及程度的提高,普通高中教育的基础性逐渐增强,财政性经费投入比重应不断提高,缩小普通高中与小学、初中的生均公共财政预算经费,尤其是公用经费的差距。加强对各省制定、落实和完善普通高中生均公用经费拨款标准的指导和督查。通过制定指导性生均经费标准,确立普通高中经费保障机制,同时,结合普通高中学校的招生和经费使用情况等,设定奖惩性生均经费拨付调整系数,为推动普通高中育人方式改革提供切实保障。

第二,提升教师队伍的整体素质。重点优化镇区普通高中教师配置,探索吸引和培养乡镇高中优秀教师的途径和机制,加强普通高中校长和教师培训实效。从师资培养环节来看,应当促进农村高中教师定向培养,保障和提高师资力量薄弱地区的高中师资质量。继续发挥"硕师计划"、特岗教师、人才支持计划等相关项目的师资培养作用,确保农村地区高水平高中师资来源。从师资配备环节看,应着重改善师资力量薄弱地区教师待遇,增加教师职业发展机会,制定优秀骨干教师到中西部乡村普通高中任教的奖励措施,从而增强师资力量薄弱地区高中教师的职业吸引力。创新校长和教师培训方式,针对有不同需求的校长和教师群体提供更为有效的培训。国家和各地政府应当提供更多交流和学习的机会和经费保障,促进普通高中学校校长和教师,尤其是少数民族地区、偏远农村地区普通高中学校校长和教师管理水平的提升和教育理念的革新。

第三,不断优化普通高中教育治理方式。为保障普通高中育人方式改革的落实,需要理顺普通高中办学体制机制,规范普通高中招生行为,同时切实落实"管办评"分离,给予普通高中学校应有的办学自主权。教育行政部门应当在正确认识自身角色的前提下,稳妥适当地下放权力,构建新型的教育行政主管部门与普通高中之间的关系,以激发普通高中的办学活力和积极性。同时,要继续推进办学体制改革,加快落实针对民办学校的奖励与扶持政策,区别生均经费补助和项目补助,提高民办教育发展专项资金使用效率,调动社会资源参与普通高中教育的积极性。

第四,加速普通高中学校培养模式变革。培养模式变革是实现普通高中育人方式改革的重要载体,也是普通高中育人方式改革成果的重要体现。普通高中培养模式变革是一项涉及面较广的变革,既包括教育者思想的转变,也包括培养制度的规范,更包括培养路径的拓展。普通高中培养模式的变革应结合学校类型、招生制度、培养过程、毕业去向等进行,注重教学内容的选择,为不同模式下的受教育者设计不同内容的课程,保证其在完成普通高中基本教学要求的基础上,自行选择自身更乐于接受的教学内容。

目 录
CONTENTS

前　言 ———————————————————— 1

第一章　普通高中教育发展总体保持高位稳定 ——— 1
一、普通高中学校的数量与格局　　　　　　　　1
二、普通高中教育规模与结构　　　　　　　　　18
三、普通高中专任教师队伍配置与质量　　　　　28
四、普通高中教育经费投入与使用　　　　　　　39

第二章　普通高中办学体制改革仍需深化 ————— 52
一、普通高中办学体制改革的政策变迁　　　　　52
二、普通高中办学体制改革的时代必然　　　　　56
三、普通高中办学体制改革存在的问题　　　　　59
四、普通高中办学体制改革的策略　　　　　　　62

第三章　普通高中教育管理体制如何优化 ————— 66
一、普通高中教育管理体制的政策变迁　　　　　66
二、普通高中教育管理体制的政策焦点　　　　　71
三、普通高中教育管理体制的政策缺陷　　　　　75
四、普通高中教育管理体制的改进建议　　　　　78

第四章　普通高中办学标准如何更好促进发展 —— 82

一、普通高中办学标准的政策依据　82

二、普通高中办学标准的地方改革状况　83

三、普通高中办学标准的框架内容　84

四、普通高中办学标准完善的政策建议　95

第五章　普通高中教育经费需更有保障 —— 98

一、普通高中教育经费基本政策框架　98

二、普通高中教育经费政策改革实践　101

三、普通高中教育经费存在的问题　104

四、普通高中教育经费政策改进建议　108

第六章　普通高中设施设备建设助力教育教学改革 —— 113

一、城乡普通高中设施设备配备的拐点到来　113

二、我国普通高中设施设备改善状况　115

三、办学条件改善助力普通高中教学改革　118

第七章　普通高中课程改革走入深水区 —— 129

一、我国普通高中课程发展的历史沿革　129

二、近年来普通高中课程改革的重要举措　131

三、普通高中课程改革的成就与问题　134

四、普通高中课程建设的对策与建议　137

第八章　普通高中教师队伍建设进入"新篇章" —— 142

一、强化师德建设，以德施教敢垂范　142

二、狠抓教师培养，提升实践向卓越　144

三、创新教师培训，与时俱进强能力　147

四、优化教师管理，助推教师专业发展　148

第九章　高中阶段教育普及需注意质量提升 —— 153
　　一、普及高中阶段教育的政策沿革　　153
　　二、普及高中阶段教育的成效与主要问题　　156
　　三、加快普及高中阶段教育的政策建议　　162

第十章　普通高中发展水平已迈入国际中等行列 —— 166
　　一、高中阶段教育入学率的国际比较　　166
　　二、高中阶段教育经费投入的国际比较　　176
　　三、高中阶段生师比、教师工资、工作时间的国际比较　　183

后　记 —— 192

第一章
普通高中教育发展总体保持高位稳定

2012年我国教育经费投入占GDP的比例突破4%后,普通高中教育经费保持增长势头,助力普通高中教育持续稳定发展。总体来看,在高中阶段教育普及程度稳步提升的情况下,普通高中教育多样化水平以及内涵式发展成为国家和社会关注的热点,校长和教师专业标准的发布即是例证。本章主要分析了普通高中教育发展的相关统计数据和一些典型案例,以期对我国普通高中教育发展状况进行全景式勾勒。[①]

一、普通高中学校的数量与格局

随着我国城镇化进程的不断推进和教育改革的不断深化,我国普通高中教育学校发展在2007年达到高位稳定调整阶段后,继续发展进入内涵式发展阶段。普通高中学校的总体变化是从数量大量减少转为基于规模的内涵式发展,同时,普通高中学校城乡结构、地域分布、办学体制等也趋于稳定。

(一)普通高中学校分布结构趋于稳定

1. 普通高中学校数量"触底反弹"

城镇化是随着工业化的发展而产生的,是非农产业在城镇集聚、农村人口

---

① 本书数据除特别标注外均来源于各相应年度《中国教育统计年鉴》《中国教育经费统计年鉴》《全国教育事业发展统计公告》《全国教育经费执行情况统计公告》和教育统计数据。另外,从2011年起《中国教育统计年鉴》进行了较大的调整,重新划分了城乡分类,将原来的城市、县镇、农村的三分法调整为城区、镇区、乡村,并分别在城区和镇区下增加城乡结合区和镇乡结合区两类,提升了教育统计的精度。因此,2011年之前涉及城乡的数据仅作为参考。另外,在进行数据比较时,因四舍五入,个别数据有总和超过100%的情况。

向城镇集中的自然历史过程,是人类社会发展的客观趋势,是国家现代化的重要标志。我国城镇化发展不断推进,城镇化水平稳步提升。2013年我国常住人口城镇化率达到53.73%[①],到2018年常住人口城镇化率达到59.58%。由此说明,我国城镇化发展进入了新的发展阶段。城镇化涵盖多个层次的内容,涉及人口学、地理学、社会学和经济学等多个领域,不仅需要对农村基础设施进行建设、改造,更重要的是进行人口素质、产业结构、生产生活方式的转变。有内涵的城镇化发展越来越需要以教育为支撑。在这样的社会发展背景下,衔接高等教育和义务教育的高中阶段教育的重要性得到进一步凸显。

普通高中学校数量在2006年达到自20世纪90年代以来历史最高值后,开始连续9年减少,2016年恢复增加的态势并持续到2018年。2018年,全国普通高中学校总数13737所,比上一年度增加182所,增幅1.34%。普通高中学校主要包括三类学校,即独立设置的高级中学、初中和高中并设的完全中学、包括小学到高中的十二年一贯制学校。其中,高级中学有6898所,完全中学有5412所,十二年一贯制学校有1427所。从图1-1的统计数据可以看到,完全中学的数量在持续减少,而高级中学和十二年一贯制学校均有不同程度的增加。值得注意的是,十二年一贯制学校自2011年被纳入教育事业统计年鉴之后一直保持着5%以上的增长幅度,成为一种重要的学校类型。

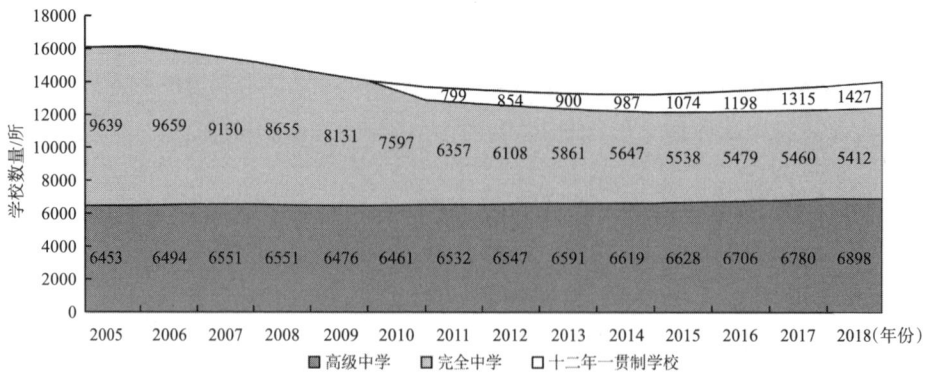

图1-1　2005—2018年普通高中学校数量

---

① 2013年国民经济和社会发展统计公报[EB/OL].[2014-02-24]. http://www.stats.gov.cn/tjsj/zxfb/201402/t20140224_514970.html.[2019-08-01].

2. 普通高中向城镇集中的趋势有所放缓

在学校布局调整、促进中西部乡村高中发展倾斜政策以及普及高中阶段教育政策等多重政策的影响下,分布在乡镇以下的农村普通高中学校数量从大幅减少转变为小幅增加,使得农村地区教育资源流失和浪费的趋势有所减缓,同时,也有助于基础教育发挥对乡村文明和农村地区发展的支持作用。从图1-2可以明显看到,乡村普通高中数量从2005年到2014年10年间减少了近70%,2015年后这种发展趋势才有所缓解。这也形成了绝大部分普通高中集中在城区和镇区的分布格局。

从2014年到2018年普通高中分布情况来看,其分布仍呈现出明显地向城镇集中的趋势,但其中也出现了乡村高中数量增加的现象。比较而言,城区对高中学校的吸引力高于镇区,镇区高中虽然在普通高中学校中的占比仍保持在44%左右,但镇区高中数量是在持续减少的,城区高中数量则持续增加。另一方面,乡村高中数量持续减少在2014年达到最低谷后呈现缓慢增加的趋势,这主要是受农村专项招生计划、中西部教育发展政策等倾斜性政策引导的结果。2018年,城区高中增加175所,增幅2.57%,镇区高中减少28所,减幅0.46%,乡村高中增加35所,增幅5.19%,同时,乡村高中占高中学校总数的比例也增加到5.17%。(见图1-2)

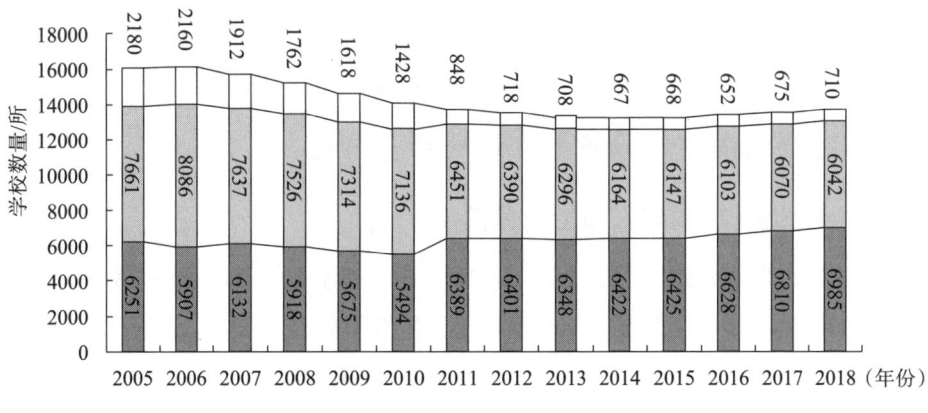

图1-2　2005—2018年城乡普通高中学校数量

3.普通高中学校数增长实现由负转正

全国普通高中学校总数在持续多年减少的基础上,于2016年实现由负转正增长,但东中西部各地区普通高中学校数量变化情况各不相同。总体来看,东部地区普通高中学校数量最多,且由负转正增长趋势先从东部地区开始而后是中部和西部地区。2015年东部地区普通高中数量增长率为0.71%,扭转了持续10年负增长的趋势,2018年东部地区普通高中学校数持续增加到5286所,比上一年度增加1.40%。中部和西部普通高中学校数量从2016年开始由负增长变为正增长,2018年分别比上一年度增加1.57%和1.04%,中部地区高中学校数量增幅最大。(见图1-3)

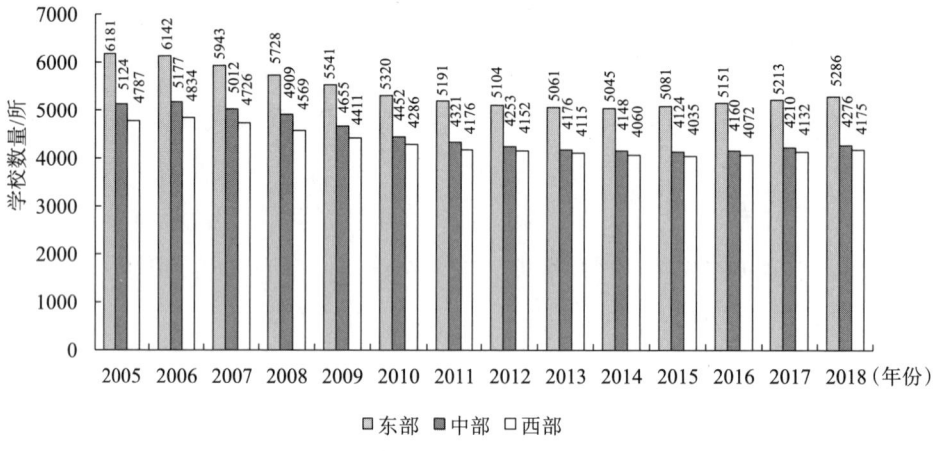

图1-3　2005—2018年东中西部地区普通高中学校数量

(二)普通高中的设置形式进一步多样化

1.部分地区探索建设新型综合高中

我国从20世纪80年代开始就在教育实践中尝试开展综合高中教育,甚至在1982年到1995年间掀起了综合高中热,辽宁海城、江苏锡山、北京东城、江苏南通、浙江南浔、上海宝山等地试办综合高中,还有的地方出现了"双学籍、双文凭"的教育实践。然而,到2010年,全国自称综合高中的寥寥无几。[①]

在普通高中多样化、特色化发展政策的推动下,综合高中作为一种新的发

---

① 袁桂林.关注高中横向定位问题——对促进高中学校类型多样的思考[N].中国教育报,2012-05-11.

展模式再次进入人们的视野。2010年《国家中长期教育改革和发展规划纲要(2010—2020年)》指出要"推动普通高中多样化发展","探索综合高中发展模式"。此后,部分省(区、市)大胆地开展了综合高中的探索和改革,新型综合高中陆续出现。全国大部分省份已经开始或准备开始探索综合高中发展模式。与此同时,高中阶段教育普及政策的大力推进也为综合高中的探索注入了新的动力,有学者提出新建、改建的高中应以综合高中为主,适度、有步骤地压缩单纯以升学为目的的普通高中,大力发展综合高中,提倡企业参与兴办职业高中,适当保留一些特长高中。[①]可以看到,新时期综合高中在高中阶段教育发展的定位重点在构建学生成长的"立交桥"。

与前一阶段发展综合高中的探索不同,新型综合高中更加强调学生的选择性和课程的综合性。黑龙江省在2010年将综合高中作为普通高中发展的重要类型之一;湖南省2012年年末出台的《湖南省综合高中建设标准(试行)》,明确了综合高中将成为普通高中的一种具体办学模式,开始了综合高中建设试点;青岛市2019年印发了《青岛市综合高中建设工作实施方案》,开展综合高中试点,提出"尊重学生自主发展,满足不同潜质学生的发展需要,为学生提供个性的、自主的、适合的、有选择的教育,构建具有青岛特色的综合高中人才培养新模式。实现普通教育和职业教育的课程体系优势互补"的培养目标。

资料:《湖南省综合高中建设标准(试行)》(湘教发〔2012〕85号)(节选)

一、办学定位

全面贯彻党的教育方针,执行普通高中课程计划,面向全体学生,为在工程技术、科技发明、设计制作等应用领域有兴趣和发展潜质的学生提供学习发展平台,为学生未来的专业选择和职业发展奠定基础。

[①] 薛二勇.大力发展综合高中推进普及高中阶段教育[N].人民政协报,2018-12-19.

二、基本条件

1. 学校为全日制普通高中,办学规模适度,班额原则上不超过45人。

2. 办学条件整体达到普通高中办学要求,能够满足按照课程计划和课程标准组织教育教学的需要。

3. 毕业生参加普通高中学业水平考试,一次性合格率达到90%以上。

4. 严格执行国家法律、法规和政策,依法治校,无违法违规办学现象。

三、建设内容

1. 课程建设。课程是实现普通高中综合办学的根本途径。综合高中必须建立并逐步完善与办学定位相适应的课程体系,应加强通用技术、综合实践等国家课程建设,依托国家课程开设相关的选修课程和校本课程,拓展基础知识,增强应用教学,从基础知识和应用二个维度科学遴选课程内容,丰富课程类型,以应用为导向,改革教学方法,采取项目教学、任务驱动等教学方法,通过课程体系建设,实现面向全体学生办学。

2. 队伍建设。教师队伍是实现普通高中综合办学的关键。综合高中必须建立一支与办学定位相适应的教师队伍,成立专门教研组加强应用课程教学,根据课程设置、内容、类型和方法,加强教师队伍建设,建立一支既能讲基础知识,又能指导学生动手实践的"双师"型教师队伍,加强教师培训,切实提高教师的课程研发能力和实施能力。

3. 资源建设。课程资源是实现普通高中综合办学的基础。综合高中必须建设并不断丰富与办学定位相适应的课程资源,加强相关实验室、设计室、制作室和展示室建设,满足基本教学需求;与此同时,要加强资源统筹,充分利用各类科研机构、企业和职业院校资源组织教学。

4. 教学组织。学生根据课程计划和学分要求选修适合自己发展的课程。切实推进教师教学方式和学生学习方式的转变,倡导自主、探究、合作的学习方式,引导学生在发现问题和解决问题的过程中探究知识的意义,努力提高教学质量和效益。

资料:《青岛市综合高中建设工作实施方案》
(青教通字〔2019〕8号)(节选)

一、总体要求

(二)培养目标。尊重学生自主发展,满足不同潜质学生的发展需要,为学生提供个性的、自主的、适合的、有选择的教育,构建具有青岛特色的综合高中人才培养新模式。实现普通教育和职业教育的课程体系优势互补。

二、重点工作

(一)学籍管理。试点学校综合高中实验班的学生在学籍上实行"单一注册,双重管理"。高一年级统一注册普通高中学籍。原则上在高一结束时,结合相关测试结果,由学生自主重新选择职业教育或普通教育,在校内或校际自主分流。其他有关问题,按国家、省学籍管理有关规定执行。

(二)课程管理。将普通高中必修课程与相关职业教育课程进行整合,形成综合高中的基础课程体系。综合高中的普通教育执行山东省普通高中新课程方案;职业教育面向市场需求和地方经济建设的需要设置专业课程体系。支持综合高中学校与国内外高水平职业教育院校合作。

(三)学分管理。学生完成山东省普通高中课程方案规定的相关学习内容,修满144学分,综合素质评价合格,学业考试合格,发给普通高中毕业证书。转入职业教育学生,职业学校承认其普通高中学籍时所学相应课程、合格成绩及学分,在此基础上学生应补充修满中等职业教育教学规定的其他课程且成绩合格,获得修满相应学分,思想品德评价合格,实习鉴定合格,发给中等职业教育毕业证书。

(四)师资队伍。通过补充调整师资,形成适合综合高中教育教学工作要求的师资队伍。综合高中教师要按照普通高中、中等职业学校的类别分别参加全市学科教研活动。加强校本培训,提升教师能力。支持综合高中与普通高中、中等职业学校跨校联合开展教研活动。支持普通高中学校教师到综合高中学校任教。

（五）学费政策。综合高中学生在注册普通高中学籍期间，按照普通高中学校的收费办法和标准执行；转入中等职业教育学籍后，执行中等职业学校免学费及资助相关政策。

三、组织实施

（五）建立完善青岛综合高中建设标准。整合普通高中与中等职业教育课程，探索建立综合高中课程体系与学分认定标准。完善综合高中与其他普通学校、中等职业学校间转学的相关要求。建立完善综合高中干部教职工配备、基础建设、教育设施设备配置、资金保障等办学条件标准。完善综合高中与其他普通学校、中等职业学校间开展合作办学、资源共享及评价机制。探索综合高中与高校联合育人模式，积极争取高考综合评价录取等招生政策。

2.十二年一贯制学校持续壮大

十二年一贯制学校自2011年被纳入教育事业统计范围以来，学校数量不断增加，从2011年的799所增加到2018年的1427所。从十二年一贯制学校城乡分布情况来看，与全国普通高中向城区和镇区集中的趋势不同，十二年一贯制学校的城乡分布结构基本保持在城区、镇区、乡村6∶3∶1。从办学体制来看，十二年一贯制学校中民办学校比重较大，七成以上为民办学校，2018年民办十二年一贯制学校数量增加到1114所，占所有十二年一贯制学校的78.07%。其中，城区十二年一贯制学校中民办学校占比76.87%，镇区十二年一贯制学校中民办学校占比79.18%，乡村十二年一贯制学校中民办学校占比82.64%。民办十二年一贯制学校无论在城区，还是在镇区和乡村地区均很活跃，成为普通高中教育发展的新特点。

资料：北京市十二年一贯制学校名录（2016年）

区县	数量	学校名称
昌平区	11	北京市昌平区前锋学校、北京市昌平实验中学、北京市昌平区南口学校、首都师范大学附属回龙观育新学校、北京中科青云实验学校、北京师范大学昌平附属学校、北京昌平敬华实验学校、北京市昌平区佳莲学校、北京市私立汇佳学校、北京市天通苑中山实验学校、北京王府外国语学校
朝阳区	24	北京市朝阳区世纪东方国际学校、中国科学院附属实验学校、北京市和平街第一中学、北京八十学校、北京市朝阳区人大附中朝阳分校、北京乐成国际学校、北京世青国际学校、北京市朝阳区青苗国际双语学校、北京市陈经纶中学、北京市日坛中学、北京工业大学附属中学、北京市东方德才学校、北京市三里屯一中、清华大学附属中学朝阳学校、北京市力迈外国语学校、北京化工大学附属中学、北京市朝阳外国语学校、北京青年政治学院附属中学、北京拔萃双语学校、北京市私立新亚中学、北京国际艺术与科学学校、北京第二外国语学院附属中学、北京市朝阳区爱迪外国语学校、中国人民大学附属中学朝阳学校
大兴区	4	首都师范大学附属中学大兴北校区、北京市大兴区兴华中学、北京市第二中学亦庄学校、北京师范大学大兴附属中学
东城区	3	北京景山学校、北京市第一中学、北京经济技术开发区实验学校
房山区	1	北京市博文学校
丰台区	3	北京市大成学校、中国教育科学研究院丰台实验学校、北大附属实验学校
海淀区	14	北京市海淀外国语实验学校、北京市海淀区尚丽外国语学校、北京市海淀国际学校、北京市二十一世纪国际学校、北京实验学校（海淀）、北京市建华实验学校、北京理工大学附属中学、北京航空航天大学实验学校、北京市北外附属外国语学校、北京市中关村外国语学校、北京市育英学校、北京市八一学校、首都师范大学附属育新学校、清华大学附属实验学校

续表

区县	数量	学校名称
石景山区	4	北京景山学校远洋分校、北京市京源学校、北京师范大学附属中学京西分校、首钢矿业公司职工子弟学校
顺义区	6	北京市海嘉双语学校、北京市鼎石学校、北京市顺义区青苗学校、北京市顺义区君诚学校、北京市牛栏山一中实验学校、北京市新英才学校
通州区	2	北京市私立树人·瑞贝学校、北京市时代中学
西城区	1	北京市育才学校
门头沟区	1	北京市山谷学校
怀柔区	1	北京市世纪学校

（资料来源：http://www.bjedu.gov.cn/）

3.初高中分设办学进程不一

中华人民共和国成立以来,独立设置的高级中学和初高中合并设立的完全中学长期并存。改革开放后,尤其是伴随着"普九"工作的不断深入,为加快已经"普九"地区高中阶段教育的发展,1999年《教育部关于积极推进高中阶段教育事业发展的若干意见》出台,明确提出鼓励已经普及了九年义务教育的地区进行初高中分离,奠定了初高中分离的政策基础。此后,各地在教育实践中推进完全中学的初中和高中分离,但进程上存在明显差异,甚至部分地区在推行初高中分离政策一段时间后又出现初中回归高中成为完全中学或名分实合的现象。初高中分离与合并,既表现出地方政府执行教育政策和扩大高中教育规模的利益诉求,也表现出完全中学既要扩大规模又要保证优秀生源的价值取向,同时也表现出学生和家长对享受优质中等教育的愿望和努力。[①]

从全国统计数据看,2005年到2018年间,与全国普通高中数量不断减少的发展趋势不同,独立设置的高级中学数量持续增加,而完全中学的数量则持续减少。2018年,全国有高级中学6898所,完全中学5412所,高级中学占比在

---
① 杨海燕.初高中分离与合并的价值取向与利益诉求[J].教学与管理,2014(13):5—8.

50%以上。

从高级中学和完全中学城乡分布变化情况看,城区高级中学数量不断增加,而镇区高级中学数量虽略有减少但变化幅度不大,乡村地区高级中学数量则从2005年的726所减少到2016年的245所,总体上约有66%的乡村高级中学退出了历史舞台。而后有小幅增加,到2018年达291所。相比之下,不论是在城区、镇区还是乡村,完全中学的数量都是在不断减少,尤其是乡村地区完全中学的数量减幅最大,从2005年的1454所减少到2018年的298所,减少了近80%。(见图1-4)

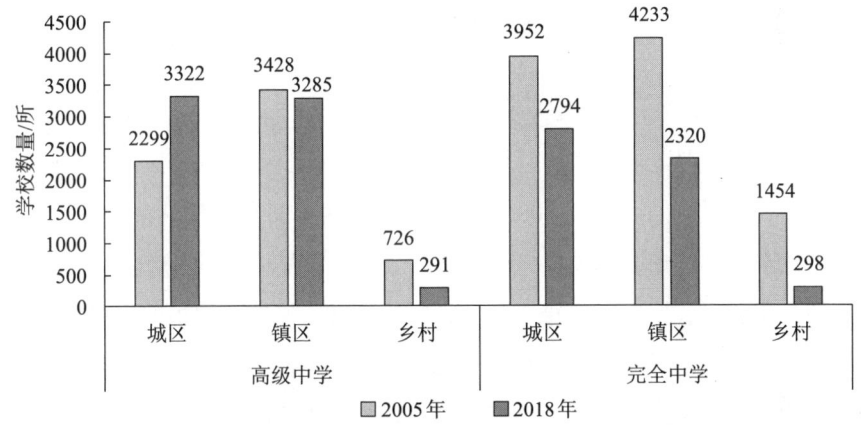

图1-4 2005年和2018年城乡地区普通高中学校类型结构对比

资料:甘肃兰州计划3到5年内完成初高中分离

近日,兰州市印发的《兰州市义务教育薄弱学校基本办学条件项目规划编制工作实施方案》确定,从今年开始,兰州市力争3到5年内完成初高中分离;到2018年基本消除城镇超大班额现象,逐步做到小学班额不超过45人、初中班额不超过50人。

据了解,兰州义务教育薄弱学校以农村义务教育学校为主,兼顾城市和县镇义务教育薄弱学校;学校必须是政府部门举办、在中小学布局调整中拟保留的义务教育学校(含教学点),适当考虑事业办公立性质的义务教育学校。非义务教育阶段学校、小学附设的学前班和幼儿园、民办学校不得纳入薄弱学校范围。完全中学原则上也不纳入,确需纳入的要附有详细说明。

(资料来源:崔亚明、孙阳,兰州晨报,2014年3月26日)

(三)普通高中办学体制改革持续推进

1.民办普通高中数量快速增加

民办教育是我国教育事业的重要组成部分,是教育事业发展的重要增长点和促进教育改革的重要力量。2006年《中华人民共和国义务教育法》修订后,民办高中数量连续6年负增长,减少学校900余所。伴随普通高中教育阶段办学体制的不断理顺,以及受国家推动民办教育发展相关政策的影响,民办高中数量一改连续6年的负增长态势,实现正增长的转变,且增速加快。民办高中的这一变化与此前国家连续出台激励民办教育发展的相关政策不无关系,这些政策包括2010年的《国务院关于鼓励和引导民间投资健康发展的若干意见》(国发〔2010〕13号)、2012年的《教育部关于鼓励和引导民间资金进入教育领域促进民办教育健康发展的实施意见》(教发〔2012〕10号)、2016年的《国务院关于鼓励社会力量兴办教育促进民办教育健康发展的若干意见》(国发〔2016〕81号)以及2016年修订的《中华人民共和国民办教育促进法》等。在这一系列积极政策的刺激和法律的保障下,民办高中数量开始增加且在2016年至2018年都保持在7%以上的增幅,显示出民间力量参与高中教育领域的积极性。

从统计数据看,2018年民办高中保持稳步发展,民办教育规模和布局没有出现震荡性变动,实现连续6年增长的发展趋势。2018年全国民办高中学校有3216所,占全国普通高中总数的23.41%。民办高中占比和增长率均有所提升。可以看到,2000年之后出现的"国进民退"现象有所缓解。(见图1-5)

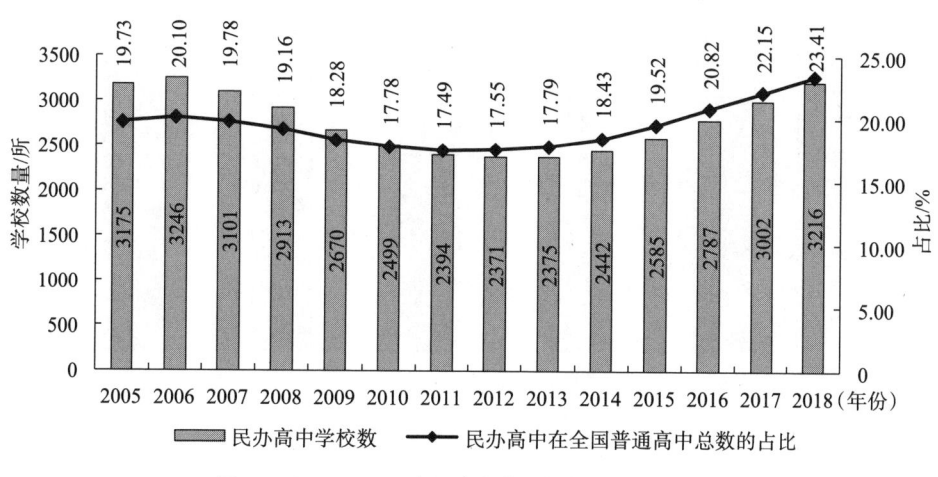

图1-5　2005—2018年民办高中学校数量及变化情况

2.民办学校在十二年一贯制学校建设中更活跃

民办学校在办学体制机制上具有公立学校所无法比拟的灵活性和自主性，也正因如此，民办学校也担负着不同于公立学校的运营责任。换言之，从学校运转的角度看，民办学校对于通过优质生源获取更佳市场定位的需求更为迫切和强烈。相比之下，公立高中在办学经费上并不需要过多的思虑和担忧。这就促使民办高中更愿意通过办初中甚至小学来确保充足和优质的生源。

基于此，民办高中内部结构上呈现出三个明显的特征。一是民办高中分布格局以城区和镇区为主，呈现出较强的向城区集中的趋势。统计数据显示，从2006年到2018年城区民办高中学校占比从49.01%增加到59.08%，镇区和乡村民办高中占比双双缩减4~6个百分点，表现出较强地向城区集中的发展趋势。（见图1-6）

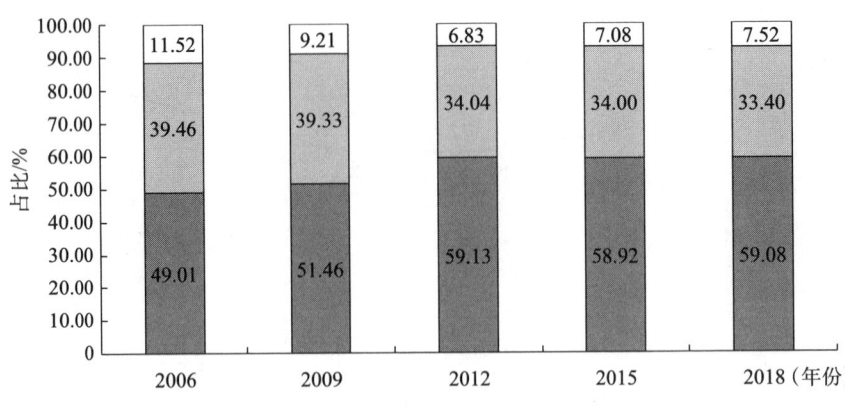

图1-6 民办高中学校城乡结构变化情况

二是完全中学和十二年一贯制学校在民办高中里的占比明显高于全国平均水平。从统计数据看,2006年民办完全中学2192所,占当年民办高中总数的67.53%,到2018年民办完全中学和十二年一贯制学校合计达到2198所,占当年民办高中总数的68.35%,与全国普通高中中半数以上的学校为高级中学的情况大为不同。这种构成方式反映了民办高中对充足和优质生源的重视。(见图1-7、表1-1)

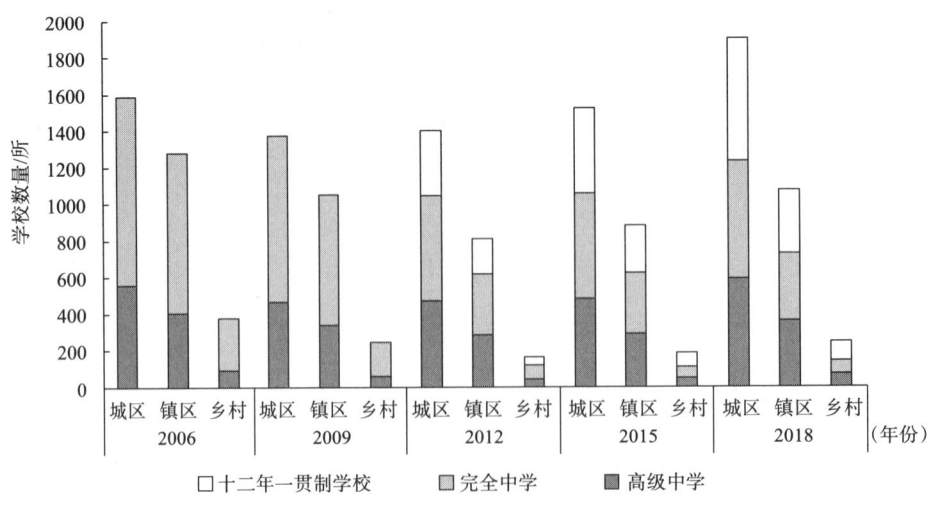

图1-7 各类民办高中城乡分布数量

表 1-1　各类民办高中城乡分布数量

学校	2006年 城区	镇区	乡村	2009年 城区	镇区	乡村	2012年 城区	镇区	乡村	2015年 城区	镇区	乡村	2018年 城区	镇区	乡村
十二年一贯制学校							354	189	46	466	257	73	668	346	100
完全中学	1031	879	282	912	714	188	577	337	75	577	334	64	644	367	73
高级中学	560	402	92	462	336	58	471	281	41	480	288	46	588	361	69

三是民办十二年一贯制学校不论是在城区、镇区还是乡村,都在十二年一贯制学校中占据了绝对优势。聚焦到十二年一贯制学校来看,民办十二年一贯制学校数量从2011年到2018年翻了一番(见图1-8),其在十二年一贯制学校总数中的占比从68.09%增加到78.07%,提升了近10个百分点,且在乡村的十二年一贯制学校中民办学校的占比更高,2018年城区、镇区和乡村的十二年一贯制学校中民办学校的比例分别是76.87%、79.18%和82.64%。

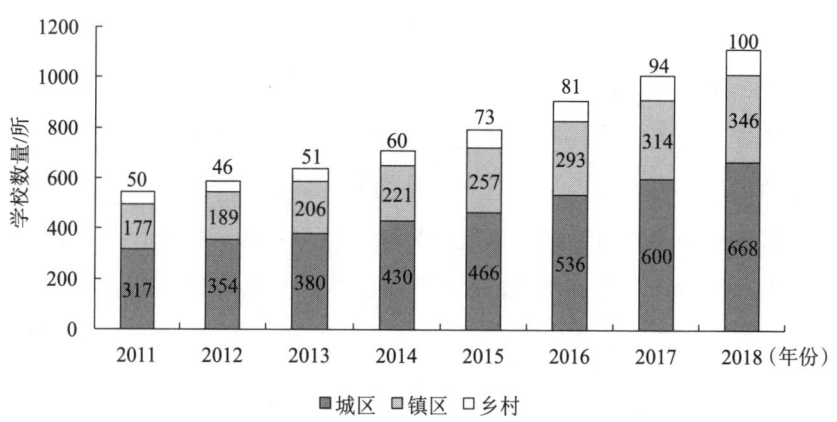

图 1-8　2011—2018年民办十二年一贯制学校城乡分布数量

(四)普通高中大班额问题有所缓解

1.普通高中校均规模持续缩小

伴随着我国教育投入的不断增加,普通高中教育经费投入水平有所提升,办学条件持续得以改善,同时,受到适龄人口减少的影响,普通高中在校生数量有所减少,在这双重因素的影响下普通高中校均规模和平均班额的变化较为明显。2013年普通高中校均规模出现了10年来首次减少,且一直持续到2018年。2013年全国普通高中校均规模1824.36人/校,2018年减少到1729.18人/校,减少了5.22%。(见图1-9)

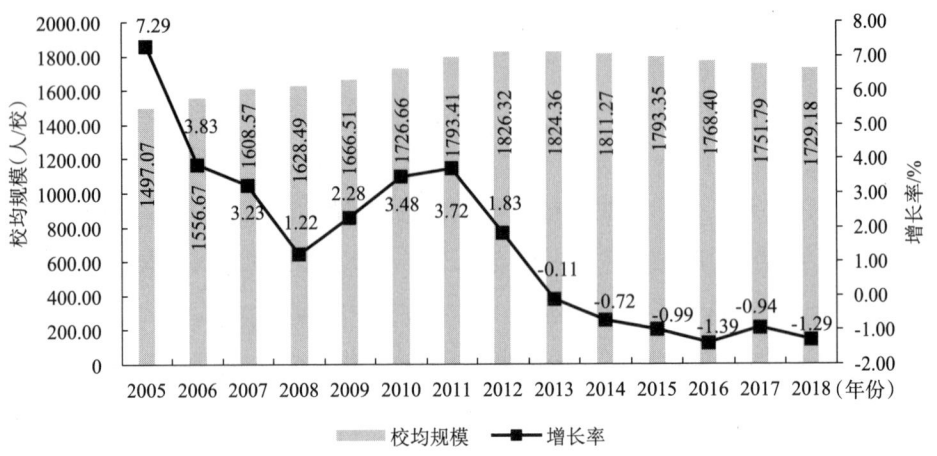

图1-9　2005—2018年普通高中校均规模及变化情况

全国普通高中校均规模整体向好的同时,也必须注意到在实际的办学过程中,部分地区仍然存在几千人甚至上万人的巨型高中。根据中国教育报记者的调查,大多数经济欠发达的中西部地区,扩大学校规模,增大区域重点高中或名牌高中的容量,实行规模办学正成为一种潮流。甚至在一些中西部地区的地方政府眼里,规模办学是目前经济欠发达地区经济可行的一种教育发展策略。与巨型高中快速扩张形成鲜明对比的是,同在中西部的大量普通高中学校、薄弱学校的办学规模日趋萎缩,优秀师资不断被抽走或调离,学校管理和办学质量令人担忧。甚至那些在中华人民共和国成立至20世纪90年代初一直具有传统优势的县级中学,也在迅速萎缩,相当部分还面临被关停的命运。与此同时,众多巨型学校,特别是区域性的巨型高中,招录了学校所在省(区、市)的大多数优质生源,造成其他高中生源严重不足。[①]对此,2017年教育部办公厅在高中阶段学校招生工作通知中明确要求,各地要完善高中阶段学校招生计划编制办法,按照普及高中阶段教育的要求,坚持普通职业学校招生规模大体相当的原则,

---

① 柯进.巨型高中成地方优质教育"寨头"?——中西部巨型中学发展现状调查报告[N].中国教育报,2014-01-02(3).

科学核定办学规模和年度招生人数并严格执行。要科学确定普通高中规模,防止建设大规模普通高中,逐步消除大班额现象,为有序推进选课走班教学和新课程改革创造良好环境。①

2.普通高中平均班额明显降低

随着全国高中阶段教育适龄人口的减少,全国普通高中平均班额明显降低,这对于提高普通高中教育过程质量、推进新高考和普通高中育人方式变革具有重要意义。2018年,全国普通高中平均班额降低到51.09人/班,经过高中阶段教育适龄人口高峰后逐渐回落到55人/班以下。(见图1-10)

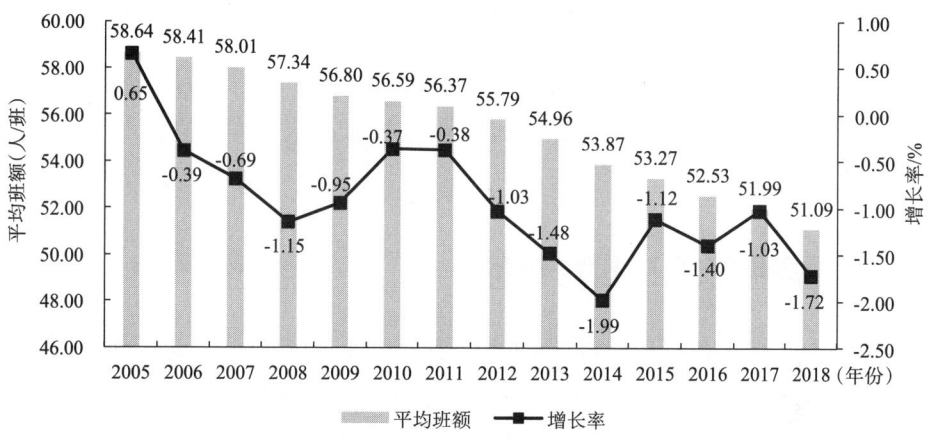

图1-10 2005—2018年普通高中平均班额及变化情况

3.镇区高中大班额问题需长期关注

在全国普通高中班级规模持续缩小的同时也必须要看到,城乡地区普通高中大班额现象仍然存在,且在城乡不同地区的表现程度存在明显差异。总体来看,城区、镇区和乡村普通高中平均班额均有所降低。镇区普通高中大班额现象最为突出,镇区大班额班级占比明显高于乡村和城区。2017年,66人以上的班级比重,城区为5.86%,镇区为13.48%,乡村为6.76%,与2006年相比已经明显改善。从城乡各地区56~65人的班级占比情况看,镇区比重最大,占24.43%。可以看到,55人以上大规模班级(超过普通高中设计班额标准)仍占有相当比

---

① 教育部办公厅关于做好2017年高中阶段学校招生工作的通知[EB/OL].[2017-04-25].http://www.moe.gov.cn/srcsite/A07/moe_950/201705/t20170512_304458.html.[2019-05-30].

例,是普通高中内涵式发展、转变育人方式过程中必须要面对和化解的问题。(见图1-11)

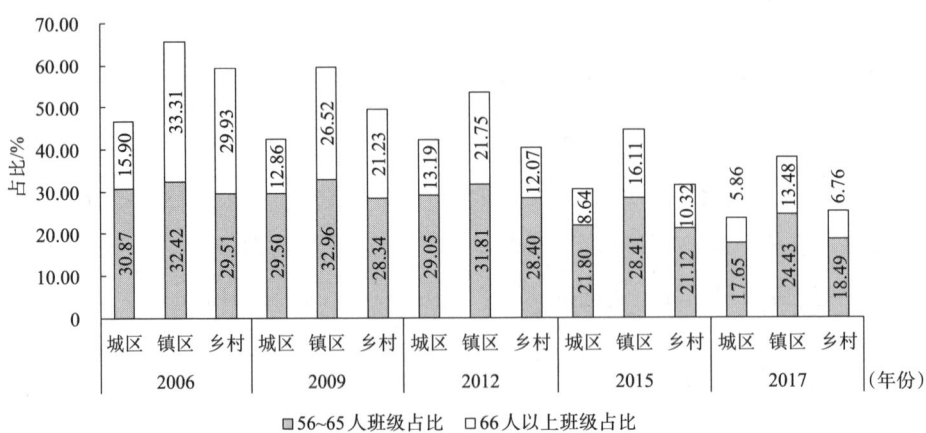

图1-11 城乡普通高中大班额比例变化情况

二、普通高中教育规模与结构

普及程度是衡量高中阶段教育整体发展水平的重要指标,它受到适龄人口规模、在校生规模等多个因素的影响。自20世纪90年代初我国将各学段教育普及情况纳入年度教育事业统计范围开始,高中阶段教育普及水平不断提高,从基本普及到加速普及,再到新时代继续走向全面普及。在这个过程中,普通高中对高中阶段教育的普及发挥了积极作用。

(一)高中阶段教育普及水平持续提升

1.普通高中在校生规模触底回升

2007年前后,我国普通高中教育进入了高位稳定发展阶段,直到2018年,普通高中在校生规模总体上呈现逐年缩小的趋势,其间虽然略有波动,但基本维持在2400万人上下。2018年,全国普通高中在校生规模为2375.37万人,比上一年度增加0.82万人,增幅0.03%,但与2007年相比还是减少了5.83%。与此同时,普通高中招生数在2005年达到历史峰值后总体上也呈现减少的趋势。

2018年，普通高中招生数为792.71万人，比上一年度减少7.34万人，减幅0.92%，与2005年相比则减少了9.69%，减速明显，反映出普通高中教育适龄人口变化的影响。(见图1-12)

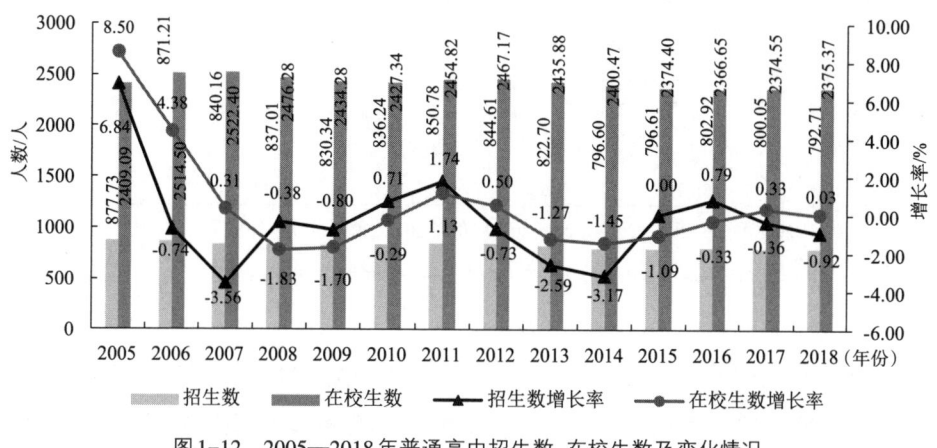

图1-12　2005—2018年普通高中招生数、在校生数及变化情况

2. 高中阶段教育毛入学率缓步提升

高中阶段教育毛入学率是指高中阶段教育在校生总数与高中阶段教育学龄人口总数的百分比，反映高中教育在适龄人口中的普及水平。伴随着国家大力推进高中阶段教育发展以及"双基"工作的完成与巩固，高中阶段教育毛入学率不断攀升。2017年经国务院同意，教育部等四部门联合印发《高中阶段教育普及攻坚计划(2017—2020年)》，全面部署高中阶段教育普及工作，提出主要目标，即"到2020年，全国普及高中阶段教育，适应初中毕业生接受良好高中阶段教育的需求。全国、各省(区、市)毛入学率均达到90%以上，中西部贫困地区毛入学率显著提升；普通高中与中等职业教育结构更加合理，招生规模大体相当；学校办学条件明显改善，满足教育教学基本需要；经费投入机制更加健全，生均拨款制度全面建立；教育质量明显提升，办学特色更加鲜明，吸引力进一步增强"。在一系列政策的推动下，高中阶段教育普及水平持续提升。2018年，全国初中毕业生升学率进一步提升，达到95.2%，比上一年度提高0.3个百分点，距离《国家中长期教育改革和发展规划纲要(2010—2020年)》提出的"满足初中毕业生接受高中阶段教育需求"的要求更近了一步。同时，全国高中阶段教育毛入学率进一步提升，2018年达到88.8%，比上一年提高0.5个百分点。(见图1-13)

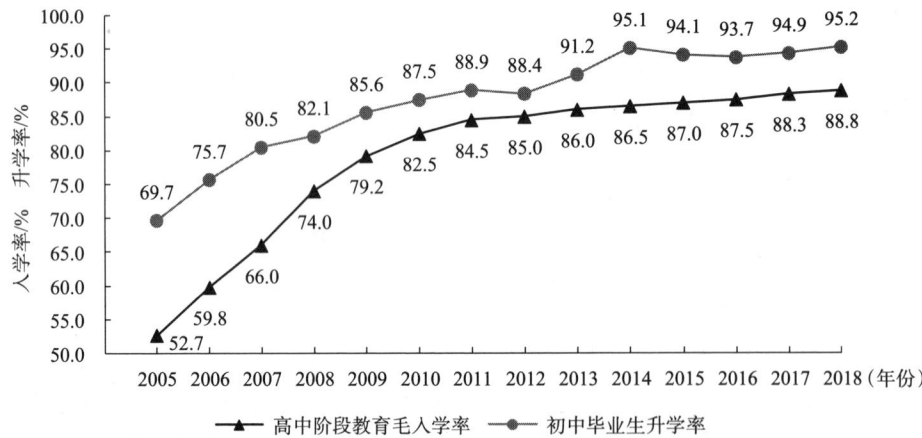

图1-13　2005—2018年高中阶段教育毛入学率和初中毕业生升学率变化情况

在推进高中阶段教育普及的进程中,部分地区开始探索免费高中教育。例如,从2009年起,成都市双流县(2016年改为双流区)开始逐步推行高中免费教育政策,2011年,双流县在四川省率先全面实现十二年制免费教育。截至2014年,共有6万名高中学子受益。仅2013年,全域双流(含天府新区)高中生12783人,免除学费金额1176.036万元。2014年,新双流县高中生8834人,免除学费812.728万元。政府针对双流县普通高中学生还免每生每年110元的信息技术费,2013年为20161人免除221.77万元,2014年为11923人免除131.15万元,能够保障贫困学子不因家穷而失学。①

3.少数民族学生普通高中教育继续改善

随着高中阶段教育的快速发展,少数民族学生接受普通高中教育的状况持续得到改善。2018年,全国普通高中招收少数民族学生87.81万人,从图1-14中可以看到这是自2005年以来首次出现负增长,少数民族学生招生数减少0.87%。从少数民族在校生数量情况看,2012年突破200万人、2017年突破250万人,2018年进一步增加,2018年增加到258.43万人,较上一年度增加2.97%。这些发展从侧面反映出我国在大力推进高中阶段教育普及的过程中,在促进少数民族学生就学方面做出了相对较大的努力。(见图1-14)

---

① 林小明.成都探索实践12年制免费教育[N].华西都市报,2014-02-26(A01).

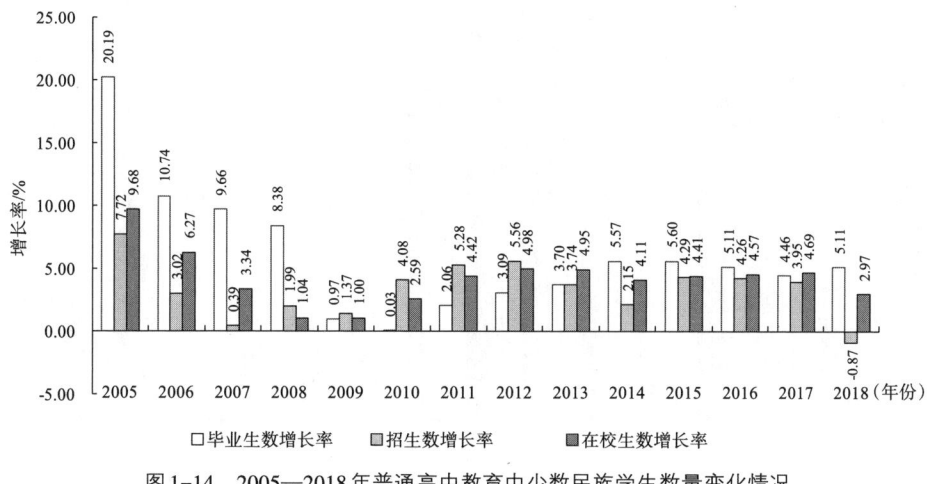

图1-14　2005—2018年普通高中教育中少数民族学生数量变化情况

(二)中西部地区普通高中教育快速发展

1.西部地区普通高中招生规模趋于稳定

在加快普及高中阶段教育政策的推动下,普通高中教育保持稳定发展,承担了半数以上高中阶段教育任务。然而,在全国高中阶段教育毛入学率不断攀升的总体发展形势下,东中西部地区的普通高中教育规模发展趋势不尽相同。比较而言,东部地区发展水平相对较高,中部地区次之,西部地区最低。受到适龄人口变动的影响,东部和中部地区普通高中招生数呈现明显的下降趋势,而在国家大力推动中西部教育发展的政策驱动下,西部地区普通高中招生规模在经过快速增长后进入稳定发展阶段,东中西部地区招生规模差距明显缩小。2018年,东中西部地区普通高中招生规模分别为281.34万人、262.35万人和249.01万人,与上一年度相比均有所减少,但西部地区招生规模减少幅度相对较大(2.07%),东部地区仅减少0.71%,中部地区减少0.03%。(见图1-15)

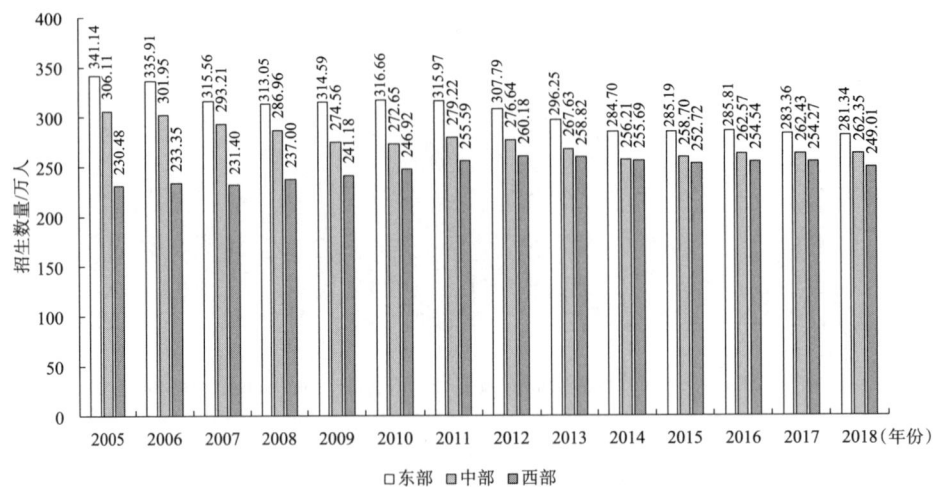

图1-15　2005—2018年东中西部地区普通高中招生数量

2. 中部地区普通高中在校生有所增加

从普通高中在校生变化情况来看,东中西部地区普通高中教育规模变化情况存在明显差异。中西部地区显然受到国家大力发展中西部教育相关政策的推动,普通高中教育规模有所增加。2018年,东部地区普通高中在校生845.01万人,中部地区781.88万人,西部地区748.47万人。与上一年度相比,东部地区普通高中在校生人数减幅最大,减少了0.35%;其次是西部地区,减少0.24%;中部地区普通高中在校生人数则连续两年增加,2018年比上一年度增加0.73%。但从近十几年普通高中在校生规模变化趋势来看,西部地区虽有个别年份呈现负增长,但总体呈现规模不断扩大的趋势。这一变化说明西部地区普通高中教育规模发展仍存在一定的潜力,预计今后在规模发展的基础上内涵式发展也将越来越受到重视。(见图1-16)

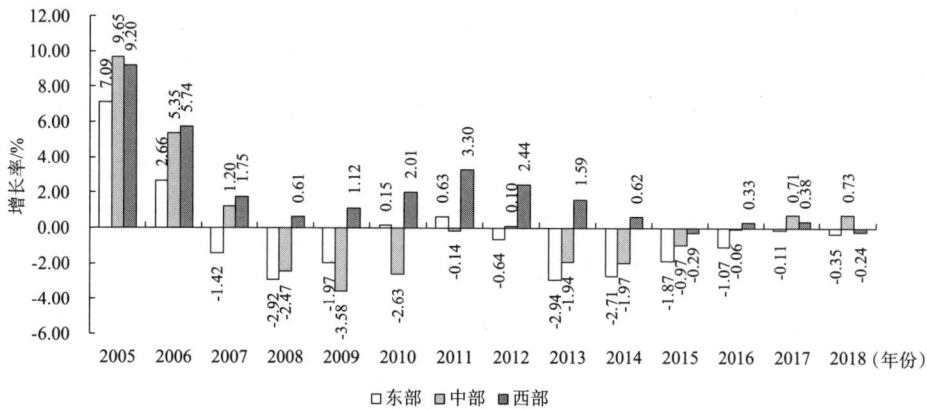

图1-16 2005—2018年东中西部地区普通高中在校生规模变化情况

为贯彻落实《国家中长期教育改革和发展规划纲要(2010—2020年)》的精神,支持改善连片特困地区普通高中办学条件,提升其办学水平,2011年财政部和教育部启动实施"普通高中改造计划",重点支持连片特困地区普通高中校舍改扩建、配置图书和教学仪器设备以及体育运动场等附属设施建设,提高连片特困地区普通高中普及率。2011年到2013年中央财政已安排资金50亿元,其中2013年安排下拨20亿元。①在中央财政的带动下,地方各级财政也加大了对连片特困地区普通高中的资金投入。仅2011年到2012年,中西部地区地方各级财政共投入约11.03亿元。通过中央和地方财政共同努力,到2013年已支持连片特困地区796所普通高中改善办学条件,新建、改扩建校舍面积222.7万平方米,新增体育场面积201.5万平方米,新增图书价值6962万元,新增仪器设备价值5.53亿元,惠及256万名普通高中学生。2016年《国务院办公厅关于加快中西部教育发展的指导意见》提出"国家继续实施普通高中改造计划";2017年教育部等四部门联合印发的《高中阶段教育普及攻坚计划(2017—2020年)》延续了这一提法,对于中西部地区普通高中教育发展提供了有力支持。

3.中西部地区普通高中大班额问题有所改善

在中西部普通高中教育快速发展的同时,还必须看到,中西部地区原有的教育基础相对薄弱,教育理念和教学方法等相对滞后,普通高中多样化、内涵式

---

① 中央财政三年投50亿元扶持连片特困地区普通高中[N].[2013-09-27].http://www.gov.cn/jrzg/2013-09/27/content_2496663.htm.[2019-08-02].

发展不足,教育规模的扩大必然推动学校和班级规模的扩大。从东中西部地区普通高中平均班额情况来看,东中西部地区平均班额均有所下降,但相比而言,中部和西部地区平均班额相对较大。与2017年相比,2018年,东部地区普通高中平均班额降低到47人/班,减少了1.82%;中部地区普通高中平均班额减少到54.06人/班,减少了2.06%;西部地区减少到53.28人/班,减少了2.03%(见图1-17)。尽管中西部地区大班额问题仍然相对突出,但各地正在不断努力改善。例如,广西壮族自治区在2014年提出,优化普通高中学校布局,统筹实施普通高中基础能力建设项目,支持各市、县新建普通高中30所、改扩建普通高中300所,基本消除城镇普通高中"超大班额",满足新增普通高中学生入学需求。[①]河南省人民政府2014年启动"全面改薄"方案,争取5年内完成校舍改造、建设类项目;2019年出台《河南省人民政府办公厅关于加快改善普通高中办学条件切实解决大班额问题的意见》,明确加快改善普通高中办学条件,切实解决"大班额"问题,到2019年底,全省全面消除66人以上"超大班额"[②]。

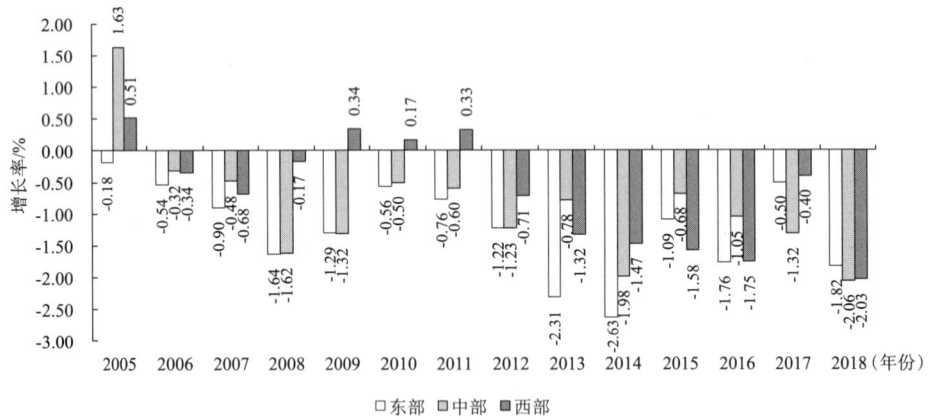

图1-17　2005—2018年东中西部地区普通高中平均班额变化情况

[①] 邓君洋,许大为.广西将推进普通高中多样特色办学,消除普高超大班额[N].央广网,http://news.cnr.cn/native/city/201401/t20140121_514710438.shtml.

[②] 张利军.加快改善办学条件,增加学位供给——河南普通高中年底告别超大班额[N].中国教育报,2019-04-09(3).

(三)乡村普通高中教育总体向好发展

1. 乡村普通高中招生数连续三年呈现正增长

伴随着我国城镇化进程的持续推进,传统意义上的农村地区正在不断萎缩,给普通高中教育发展带来不小的冲击。2018年全国城镇化率达到59.58%,达到世界平均水平。从城镇人口、空间形态标准来看,中国整体上已经进入初级城市型社会;但从生活方式、社会文化和城乡协调标准来看,目前中国离城市型社会的要求还有较大的差距。比较而言,东部发达地区城市化水平相对较高,与之相配套的教育水平也相应较高;而中西部省份城市化水平则偏低,同时也影响着教育发展水平。在城镇化水平不断提升的背景下,乡村地区普通高中教育经过十几年萎缩后,在积极政策的引导下从2016年开始连续三年实现正增长。2018年,乡村地区普通高中招生数量增加到28.54万人,明显少于城区的378.14万人、镇区的386.03万人。从变化情况看,乡村地区普通高中招生数连续11年快速减少后,2016年实现由负转正增长,2018年增长率为2.75%。①(见图1-18)

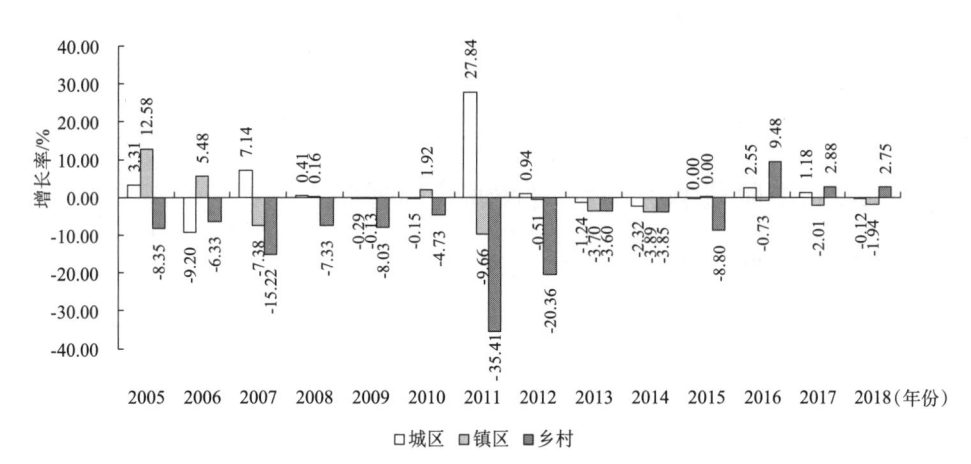

图1-18 2005—2018年城乡普通高中招生数增长率变化情况

---

① 2011年教育事业统计调整了城乡分类,使得2011年城乡学生数量变化率较大。

2. 乡村普通高中在校生有所回流

伴随着乡村普通高中招生数的变化,乡村普通高中在校生规模也出现相应变化。从图1-19可以看到,镇区普通高中在校生数量从2007年开始呈现出不断减少的发展趋势,相比之下城区普通高中在校生规模总体呈现增加的趋势,乡村地区普通高中在校生规模在积极政策的刺激下在2017年实现由负转正增长,2018年增长率进一步增加到5.33%。2018年,城区、镇区和乡村普通高中在校生规模分别达到1143.89万人、1149.40万人、82.08万人。

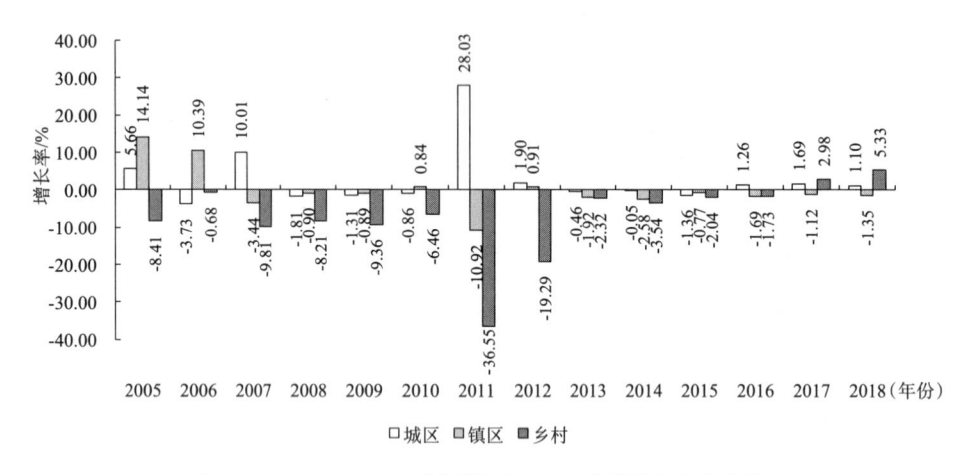

图1-19 2005—2018年城乡普通高中在校生数增长率变化情况

(四)高中阶段教育持续向普通高中倾斜

1. 普通高中学生数占比先降后升

高中阶段教育主要由普通高中教育、中等职业教育和成人中专等构成,成人中专等主要面向成人招生,且占比很小,暂且不计。从近几年高中阶段教育在校生构成情况看,普通高中在校生占比经历了先减后增的发展历程。2010年,普通高中学生数2427.34万人,占高中阶段教育在校生数的比例相比之前降到51.90%。此后,普通高中学生数占比持续增加,2018年更是突破了60%。这一变化说明社会接受普通高中教育的需求更加强烈,同时也间接反映出社会对中等职业教育认可度偏低、中等职业教育本身质量有待提升等多方面问题。(见图1-20)

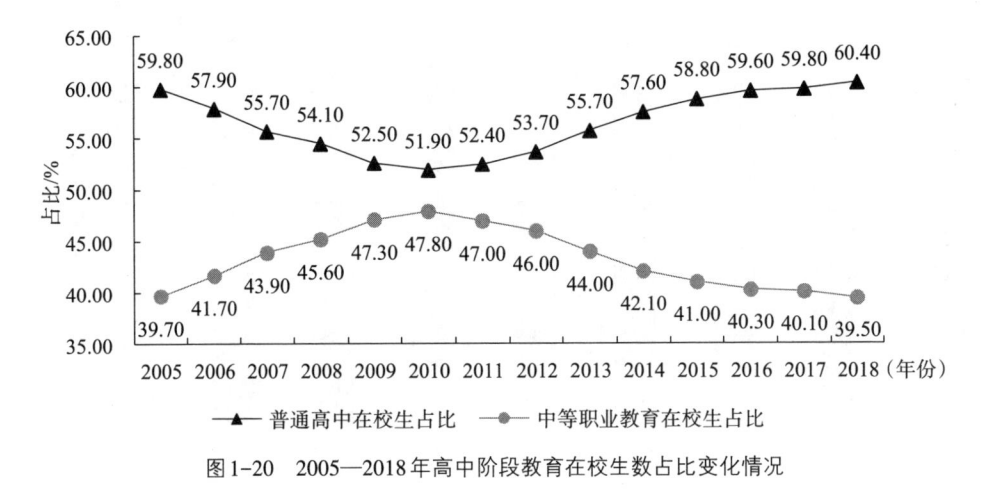

图 1-20 2005—2018 年高中阶段教育在校生数占比变化情况

2. 普通高中学生向高级中学集中

聚焦到普通高中教育来看,各种类型的普通高中学校在校生规模变化情况存在明显差异。初高中并设的完全中学在校生规模逐年缩小,独立设置的高级中学在校生规模在缩小与扩大之间波动,而十二年一贯制学校在校生数量则持续增加,成为一个重要的普通高中学校类型。这一方面是受到高中阶段教育适龄人口减少的影响,另一方面是受到国家推行初高中分设办学政策的影响。2018 年,完全中学在校生数减少到 724.62 万人,比上一年度减少 1.04%;高级中学在校生数 1544.95 万人,比上一年度减少 0.15%;十二年一贯制学校在校生数增加到 105.81 万人,比上一年度增加 11.31%。这样的数量变化也反映出普通高中教育阶段学生向高级中学集中的趋势。(见图 1-21)

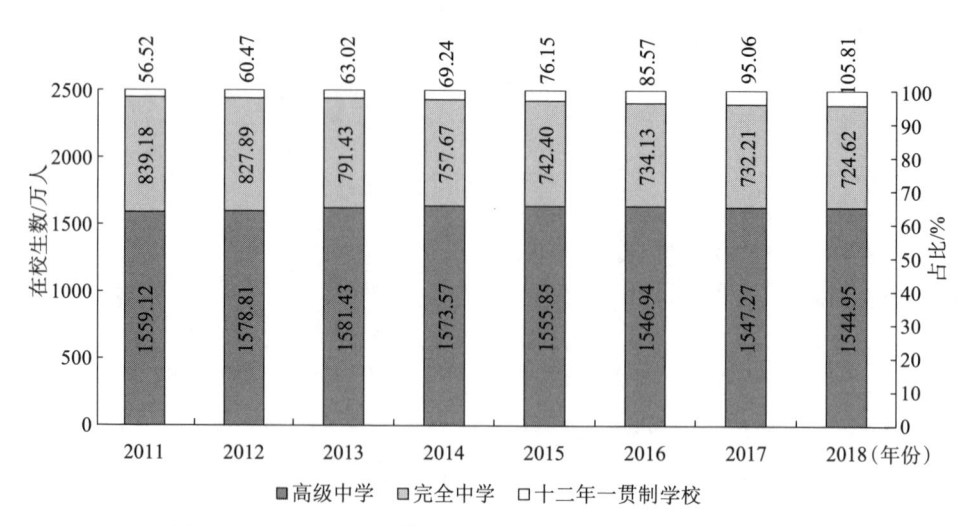

图1-21 2011—2018年普通高中各类学校在校生规模及变化情况

三、普通高中专任教师队伍配置与质量

伴随着普通高中教育的大发展,我国普通高中教师队伍状况总体有所改善,其配置情况、质量水平、专业发展状况等不断提升,对于推动我国普通高中教育健康发展发挥着不可忽视的积极作用。

(一)普通高中专任教师配置更加合理

1. 普通高中专任教师队伍总体规模增大

随着我国普通高中教育经费投入的不断增大,普通高中教师队伍继续扩大,女教师比重进一步提升。2018年,全国普通高中专任教师总规模达到181.26万人,其中女教师97.70万人,占专任教师总人数的53.90%。与上一年度相比,普通高中专任教师增加2.18%,其中女教师增加3.76%,增幅明显高于全国平均水平。(见图1-22)

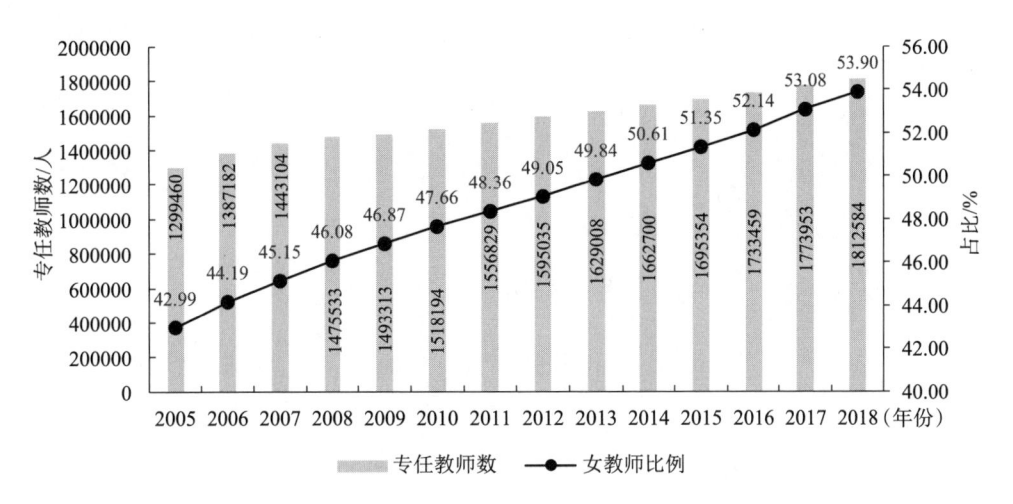

图 1-22　2005—2018年普通高中专任教师数量和其中女教师占比

2. 专任教师学科结构有所改善

普通高中课程改革进一步带动普通高中课程门类设置趋于一致,由此,普通高中专任教师学科结构也逐渐趋于稳定。从类别来看,语文、数学、外语三门学科的专任教师数量在普通高中教师队伍中数量最多、比例最高,其次是物理、化学、生物、地理、历史、思想品德等涉及高考的科目。2018年,语文、数学、外语三大学科的专任教师比重均在15%以上,物理、化学两个科目的专任教师比重在8%~9%,生物、地理、历史、思想品德的专任教师比重则在5%~6%,相比之下音、体、美学科的专任教师数量相对较少、比例较低,对于促进普通高中多样化、特色化发展可能造成不利影响。(见图1-23)

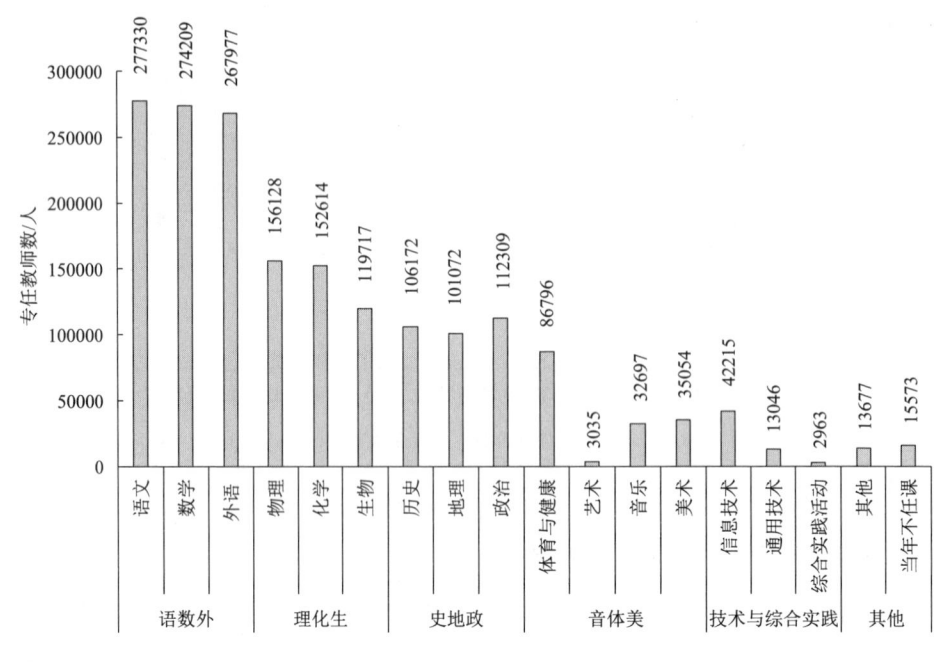

图1-23　2018年各学科普通高中专任教师数量

从各个学科专任教师数量变化情况来看，近10年来普通高中各学科专任教师数量从高速增长转为低速增长，2009年前后部分学科专任教师数量甚至出现了负增长的情况。总的来看，涉及素质教育的音、体、美学科专任教师数量增长速度相对较快，9门涉及高考科目的专任教师数量进入低位稳定增长阶段，其中生物、地理、历史三门学科的专任教师数量增长相对较快。2018年，普通高中语文教师增加1.88%，数学教师增加1.60%，外语教师增加1.69%，物理教师增加1.08%，化学教师增加1.81%，生物教师增加4.05%，地理教师增加3.48%，历史教师增加2.95%，政治教师增加1.99%（见表1-2）。这样的变化情况一方面反映出我国普通高中教育多样化、特色化发展的进一步推进，另一方面也反映出普通高中原有的教师配置偏重高考相关科目这一现实。在新高考制度的推动下，未来我国普通高中教师学科配置情况将进一步调整。

表1-2 普通高中主要学科专任教师数量变化情况

(%)

年份	语文	数学	外语	物理	化学	生物	地理	历史	政治
2005	9.41	9.47	10.09	6.99	7.33	13.22	12.44	8.59	7.99
2006	6.77	7.02	7.37	5.12	5.27	10.74	9.09	6.50	6.12
2007	3.69	3.83	4.31	2.88	2.54	7.44	6.14	4.34	3.21
2008	1.65	1.81	2.24	0.96	1.09	5.35	4.09	2.65	1.31
2009	0.38	0.81	1.30	−0.72	−0.23	4.09	3.10	1.73	1.50
2010	1.36	1.51	1.61	0.82	1.00	4.71	3.60	2.48	−0.71
2011	1.75	2.11	2.21	1.43	1.37	5.61	3.95	2.97	2.14
2012	1.89	1.90	2.02	1.98	2.21	5.10	4.10	3.04	2.39
2013	1.71	1.62	1.74	1.65	1.67	4.07	3.09	2.66	1.98
2014	1.30	1.56	1.32	2.15	2.24	4.32	3.43	2.90	2.41
2015	1.51	1.75	1.60	1.70	1.94	4.14	3.09	2.40	2.16
2016	1.85	1.64	2.00	2.23	2.39	3.75	3.28	2.71	2.23
2017	1.71	1.69	2.03	2.04	2.48	4.51	3.46	2.90	2.32
2018	1.88	1.60	1.69	1.08	1.81	4.05	3.48	2.95	1.99

3. 普通高中生师比有所降低

伴随着我国普通高中阶段教育改革的不断推进和教师配置水平的提升,普通高中教育生师比略有下降。按照国家高中教职工编制标准的规定推算,普通高中生师比在15∶1至17∶1之间才是符合国家教师编制标准的。2017年,全国普通高中生师比进一步降低到13.39∶1,比上一年度降低0.26,师资数量配置水平明显提升。(见图1-24)

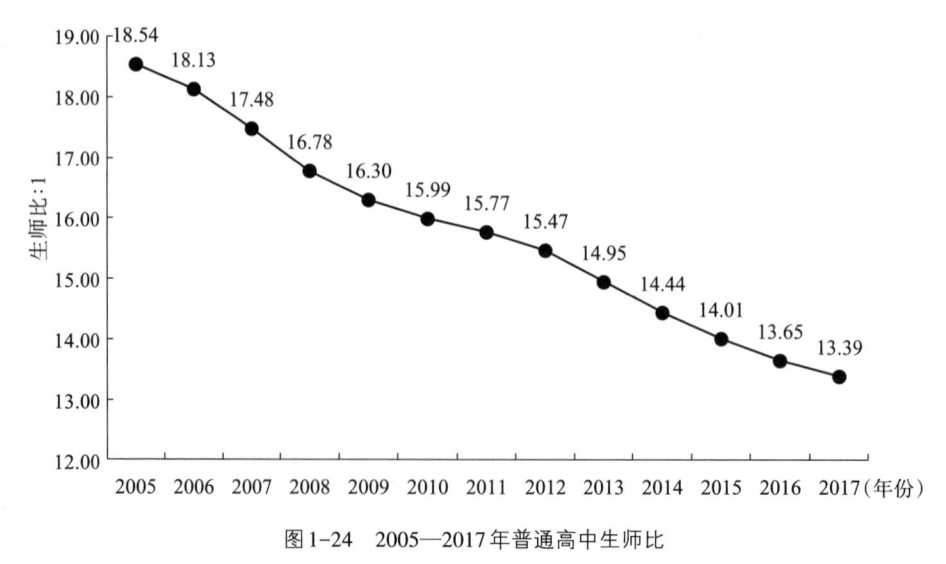

图1-24 2005—2017年普通高中生师比

从区域来看,2017年,东中西部地区普通高中生师比分别为11.84∶1、14.47∶1、14.39∶1,中部和西部地区明显高于东部地区。从各区域生师比的纵向变化情况来看,从2008年到2017年近10年来东部地区生师比降低了3.40,中部和西部地区分别降低了3.75和3.10(见图1-25),均达到国家教师配置标准。但与此同时,也必须看到新高考改革对教师配置带来了更大的挑战,教师总体配置达标并不等于各地区、各学科高中教师配置能够完全满足新时代高中教育改革的需要。

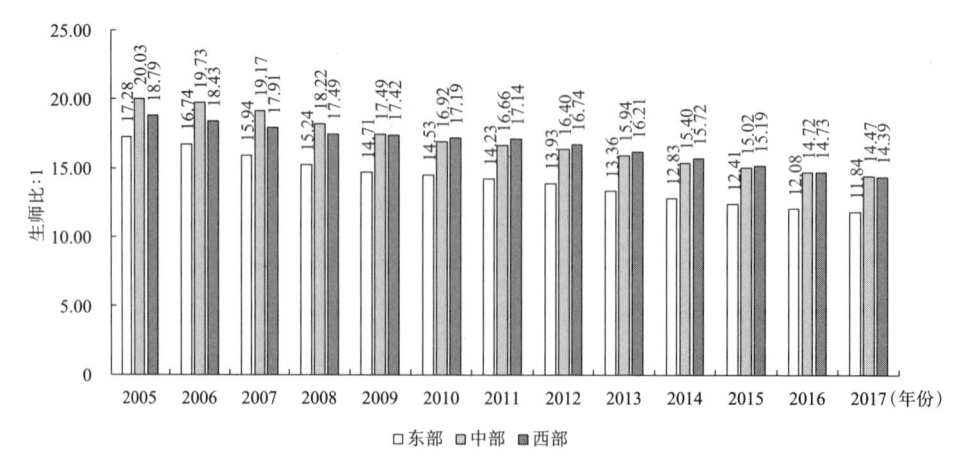

图1-25 2005—2017年分区域普通高中生师比

(二)普通高中专任教师队伍整体水平持续提升

1.普通高中专任教师学历合格率持续提升

进入21世纪以来,我国普通高中专任教师数量大幅增加,与此同时,教师整体素质也在持续提升,专任教师学历合格率连年攀升。按照国家规定,普通高中专任教师学历水平应在大学本科以上,但由于历史和现实原因普通高中专任教师学历合格率尚未达到100%。2018年,全国普通高中专任教师学历合格率为98.41%,比上一年度提高0.26个百分点。从城乡来看,城区普通高中专任教师学历合格率最高,镇区次之,乡村最低。2017年城区普通高中专任教师学历合格率达到了98.75%,比乡村地区97.41%高出1.34个百分点。城乡差距虽然依然存在,但差距在不断缩小。(见图1-26,2018年只有全国的数据)

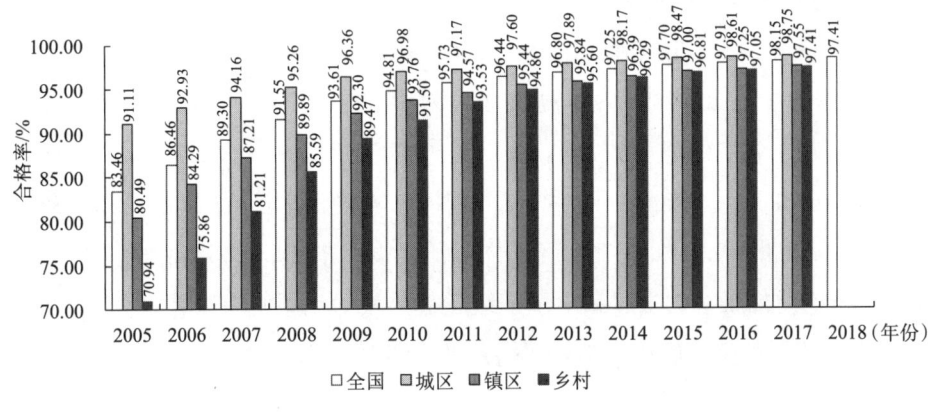

图1-26 2005—2018年普通高中专任教师学历合格率

从研究生以上高学历教师的情况看,高学历教师比例不断提升。2018年,全国普通高中专任教师中有9.82%为研究生以上学历。从城乡分布情况看,城区中高学历教师比例明显高于镇区和乡村,且从2011年以来乡村地区普通高中高学历教师比重超过镇区。从数据上,2017年城区高学历教师占11.94%,镇区占5.78%,乡村占7.78%,城乡差异明显。(见图1-27,2018年只有全国的数据)

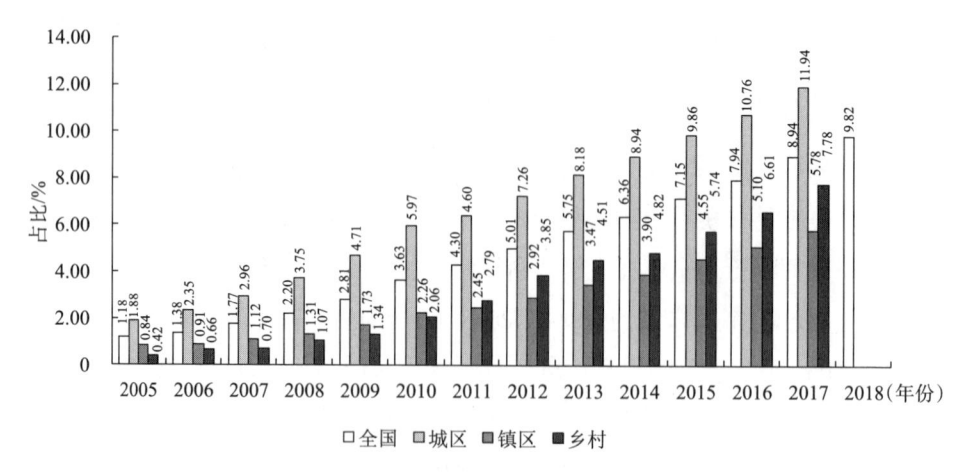

图1-27 2005—2018年普通高中专任教师中高学历教师比例

2. 中高级职称教师占比缓慢提升

从专任教师专业技术职称情况看,普通高中专任教师的职称以中学二级及以上职称为主。2018年,中学高级职称教师50.16万人,中学一级职称教师65.77万人,中学二级职称教师47.58万人,中学三级职称教师1.05万人,未评职称教师16.70万人,依次分别占普通高中专任教师总数的27.67%、36.29%、26.25%、0.58%和9.21%。中学高级、中学一级以及未评职称教师的比重均有不同程度的增加,而中学二级和中学三级职称的教师比重则有小幅减少,在一定程度上说明教师整体职称水平有所提升。(见图1-28)

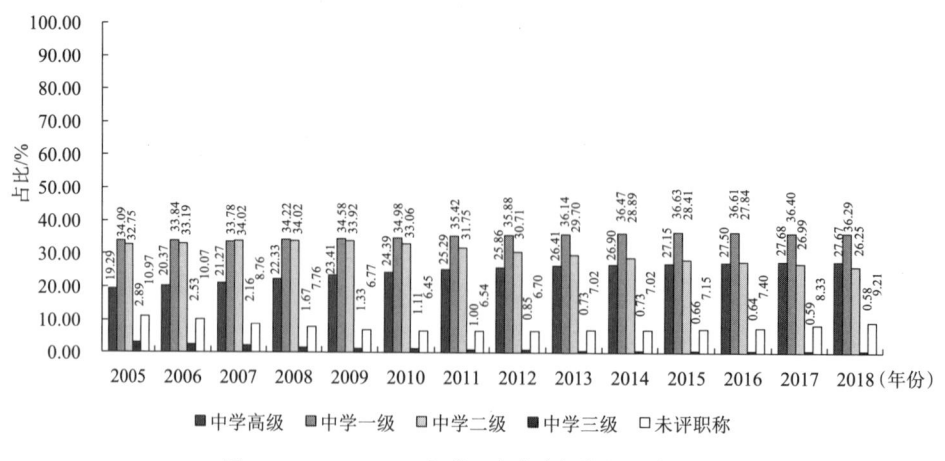

图1-28 2005—2018年普通高中专任教师职称比例

从普通高中专任教师城乡分布情况看,城区高级职称的教师比例较大,中学二级、中学三级以及未评职称的教师比例明显低于镇区和乡村,且城区普通高中的这三类职称的教师的比例从2012年到2018年也有所减少。这样的状况以及变化,从另一个侧面反映出普通高中专任教师从乡村向镇区、城区流动的趋势,以及乡村普通高中专任教师的职称晋升机会相对有限的尴尬局面。(见表1-3)

表1-3 城乡教师职称分布情况

(%)

区域	年份	中学高级	中学一级	中学二级	中学三级	未评职称
城区	2018	30.68	37.25	23.80	0.48	7.78
	2012	30.30	36.34	26.61	0.58	6.17
镇区	2018	24.96	35.68	30.30	0.67	8.39
	2012	22.14	35.47	34.36	1.07	6.95
乡村	2018	20.17	33.51	29.10	1.17	16.05
	2012	18.18	35.40	34.78	1.31	10.33

3.普通高中青年教师比重逐年降低

在2007年之前普通高中教育快速发展的阶段,我国普通高中专任教师队伍中青年教师比例较大,且占比每年都在不断增加;2007年以后,普通高中教育进入高位稳定发展阶段,青年教师占比逐年下降,普通高中专任教师的平均年龄也随之有所增加。各年龄段的普通高中专任教师的比重相差较大,对维持教师队伍的稳定提出了严峻的挑战。2018年,全国普通高中专任教师中有4.00%在24岁及以下,13.83%在25~29岁之间,16.48%在30~34岁之间,21.39%在35~39岁之间,15.62%在40~44岁之间,13.61%在45~49岁之间,50岁以上教师占比15.07%。可以看到,25~49岁的教师是普通高中专任教师的主力军,同时50岁以上教师的比例不断增加,这对普通高中教育教学改革来说是一个潜在的不利因素。(见图1-29)

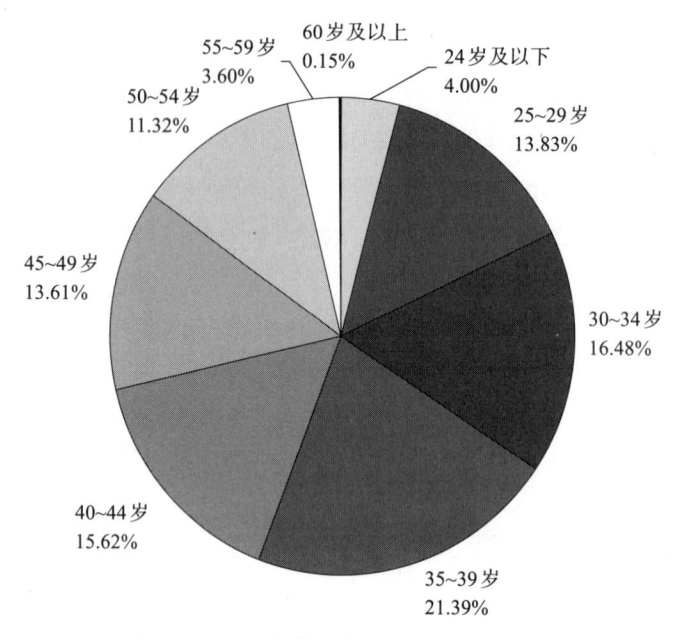

图 1-29 2018年普通高中专任教师年龄结构

(三)普通高中专任教师水平城乡差距依然明显

1. 城乡高学历高中教师占比差距拉大

城乡二元结构是长期以来一直制约我国教育发展的重要因素。在普通高中教育领域,受到"以县为主"的基础教育管理体制的影响,城乡差距长期存在。具体到普通高中教师队伍来看,乡村地区教师整体水平偏低、高学历教师数量偏少的现象仍然突出。如图1-30所示,2018年,城区和乡村普通高中专任教师学历合格率相差1.16个百分点,差距比上一年度有所减少。然而,城区高学历教师比例高出乡村高学历教师4.16个百分点,基本与上一年度持平。另外,从高学历教师人数上来看,2018年乡村普通高中教师中研究生学历以上的增加到5382人(占比8.82%),而城区普通高中教师中研究生以上学历的有119456人(占比12.98%)。

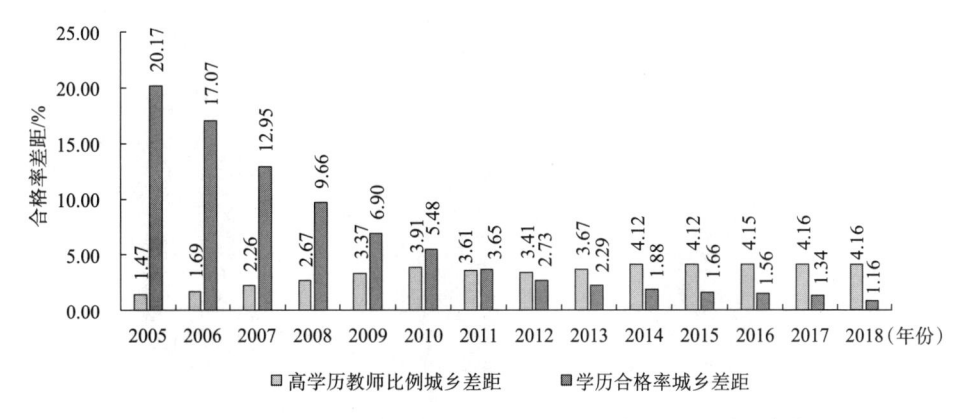

图 1-30　2005—2018 年城乡教师高学历教师比例差距及学历合格率差距

2. 城乡新增教师来源结构趋于一致

新增教师的来源情况可以在一定程度上反映出教师队伍补充"血液"的机制。从全国总体情况来看,录用毕业生和从校外调入仍然是普通高中新增教师的主要来源,两者合计共占 7 成以上。2018 年,全国普通高中教师新增 153658 人,比上一年度增加约 0.91 万人。其中,录用毕业生 64319 人,校外调入 60510 人,校内调整 20984 人,其他途径的新增教师 7845 人,分别占新增教师总数的 41.86%、39.38%、13.66% 和 5.11%。从城乡教师来源结构看,镇区和乡村新增普通高中专任教师中录用毕业生比重较大,而城区通过其他方式新增的教师比例明显高于镇区和乡村(见图 1-31),从侧面反映出新教师从乡村到城区的移动轨迹,使得镇区和乡村普通高中实际上成为新教师培养的主要阵地。从新增教师各类来源的变化情况看,录用毕业生和其他途径的新增教师比重明显提高,而校内调整和校外调入的新增教师比重则明显减少,这从侧面反映出新高考和新课改对普通高中教师的需求。

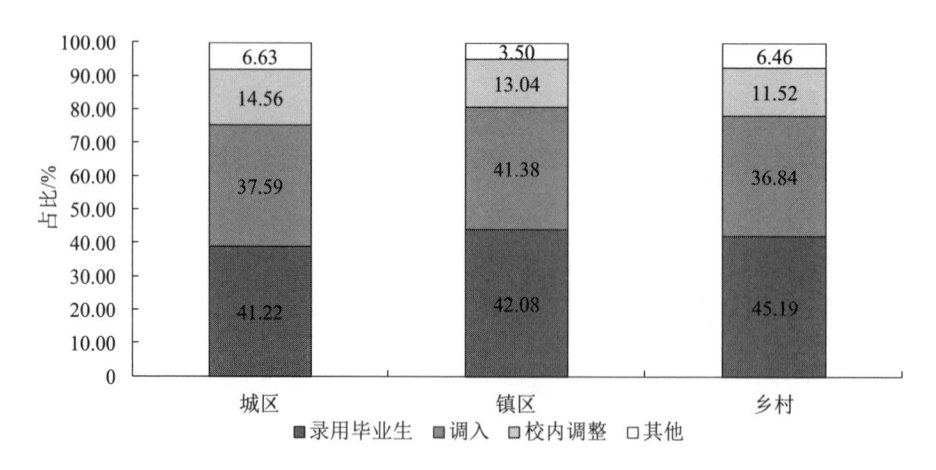

图1-31 2018年城乡普通高中新增教师来源结构

(四)普通高中专任教师职业发展机会增加

1.普通高中专任教师人均接受培训次数不断增加

教师专业发展离不开各级各类培训的有效支持。从普通高中专任教师接受培训的情况来看,西部地区普通高中专任教师接受培训的次数最多,而中部地区普通高中专任教师人均受培训次数最少。2018年,全国普通高中专任教师共接受培训916.1万人次,专任教师人均接受培训5.1次,普通高中教师接受培训的机会有所提高。分区域看,普通高中专任教师人均接受培训东部地区为5.6次、中部地区为3.0次、西部地区为6.5次。可以看到,在教师专业发展机会方面,虽然总体上全国普通高中专任教师接受培训的次数有所增加,但相比较而言中专任部地区高中教师接受专业培训的机会明显偏低。(见表1-4)

表1-4 全国普通高中专任教师接受培训情况

地区	总人次数(万人次)			人均次数(次)		
	2017年	2018年	增长率(%)	2017年	2018年	提高
全国	727.3	916.1	26.0	4.1	5.1	1.0
东部	331.7	403.3	21.6	4.6	5.6	1.0
中部	141.9	164.1	15.6	2.7	3.0	0.3
西部	253.7	348.7	37.5	4.9	6.5	1.6

(数据来源:教育部发展规划司编.2018年全国教育事业发展简明统计分析.2019:96.)

2. 普通高中专任教师培训层次以校级为主

我国普通高中专任教师所接受的培训主要包括国家级培训、省级培训、地市级培训、县级培训和校级培训。从2018年我国普通高中专任教师所接受的培训情况看，校级培训仍然是培训的主要形式，全国普通高中专任教师培训中55.3%为校级培训，其次是县级培训（占比17.6%）、地市级培训（占比14.0%）、省级培训（占比10.9%）、国家级培训（占比2.2%）。从东中西部地区专任教师培训情况看，校级培训比例最高的是西部地区，为61.9%；县级培训、省级培训比例最高的均为东部地区，占比分别达到20.4%、13.6%。国家级培训重点向中西部地区倾斜，中部地区国家级培训占比4.4%，西部地区为2.9%，明显高于东部地区的0.7%。（见图1-32）

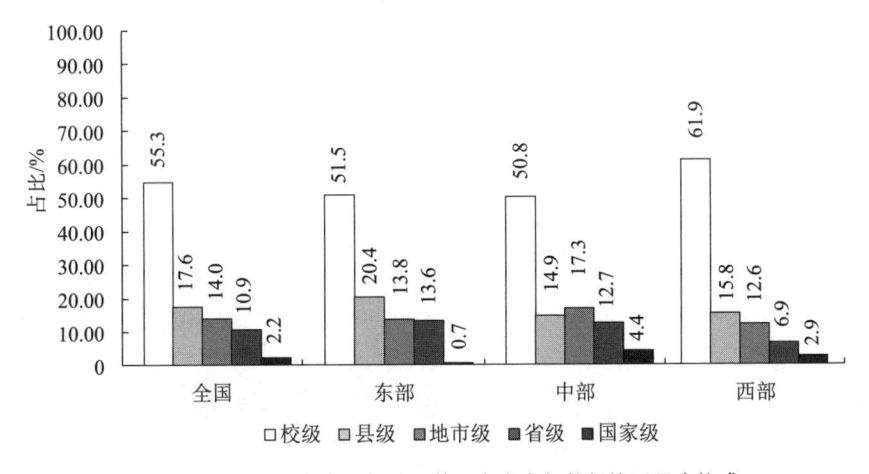

图1-32　2018年东中西部地区普通高中专任教师培训层次构成

四、普通高中教育经费投入与使用

2012年，我国财政性教育经费投入占GDP的比例突破4%，普通高中教育经费投入水平也进一步提升。同时，在国家大力推进教育公平、提升教育质量的政策推动下，普通高中教育经费投入在总量增加的前提下向教育基础薄弱地区、农村地区、少数民族地区以及贫困地区等倾斜，促进普通高中教育的整体提升。

（一）普通高中教育经费投入水平继续提升

1. 普通高中教育经费投入持续增长

按照《中华人民共和国教育法》（以下简称《教育法》）的规定，各级政府要确保教育经费投入实现"三个增长"，即各级政府教育财政拨款的增长应高于财政经常性收入的增长、生均教育费用逐步增长、生均公用经费逐步增长。

2012年全国教育经费投入总额占GDP的比例突破4%后，全国教育经费投入总额逐年增加。以2012年为分界点，2012年之前全国教育经费总投入增长率和国家财政性教育经费增长率相对较高，2013年以后二者增长率有所降低，但也保持在10%上下，明显高于我国GDP的增长情况。2017年，全国教育经费总投入为42562.01亿元，比2016年的38888.39亿元增长9.45%。其中，国家财政性教育经费（主要包括一般公共预算安排的教育经费，政府性基金预算安排的教育经费，企业办学中的企业拨款，校办产业和社会服务收入用于教育的经费等）为34207.75亿元，比2016年的31396.25亿元增长8.95%。（见图1-33）

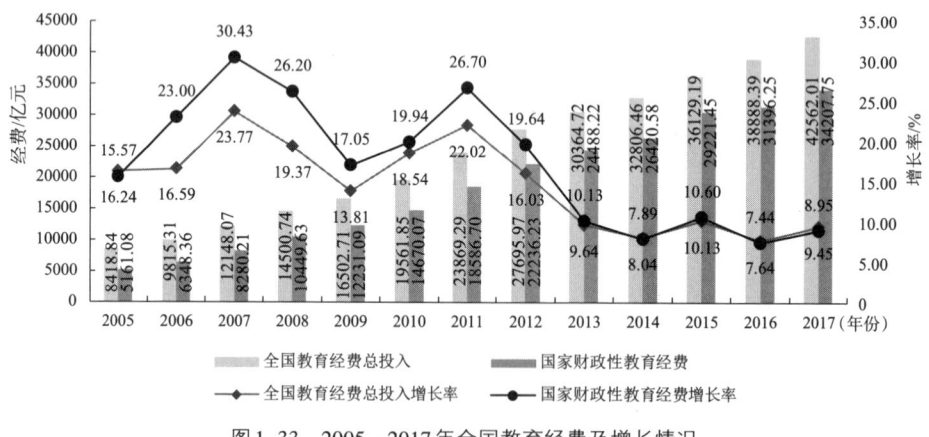

图1-33　2005—2017年全国教育经费及增长情况

在这样的背景下，普通高中教育经费投入也随之持续增长。2017年普通高中教育经费投入4317.75亿元，其中国家财政性教育经费3560.34亿元，分别比2012年的2995.94亿元和2317.00亿元增加44.12%和53.66%，国家财政性教育经费投入力度明显高于其他经费来源。

2. 普通高中国家财政性教育经费投入力度增大

尽管普通高中不属于义务教育范畴,但属于基础教育范畴,国家财政对于普通高中教育的投入力度有所增大。普通高中教育经费投入主要包括国家财政性经费、社会捐赠经费、民办学校中举办者投入、事业收入以及其他收入几个来源。2013年,普通高中教育经费总投入中国家财政性教育经费占77.48%,成为普通高中教育经费的主要来源,这一比例到2017年进一步提高到82.46%。普通高中国家财政性经费投入长期保持增长趋势,部分年度其增长率高于国家财政性教育经费的增长率,2017年用于普通高中的国家财政性教育经费在全国国家财政性教育经费中占比10.41%,基本与前几年持平。(见图1-34)

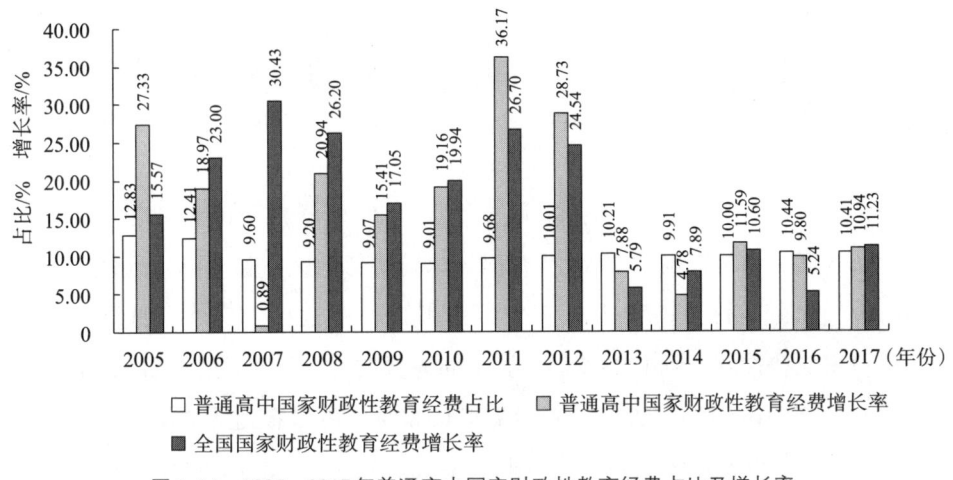

图1-34 2005—2017年普通高中国家财政性教育经费占比及增长率

3. 中部地区普通高中教育经费快速增长

近几年来,伴随着东部地区经济发展水平的不断提升,以及国家对西部地区发展支持力度的增大,中部地区发展相对缓慢的现象日趋明显,甚至早在20世纪80年代,已经有学者提出谨防"中部塌陷",而这一表现在2000年之后愈加明显。为了弥补中西部地区教育发展滞后的情况,2017年《国务院办公厅关于加快中西部教育发展的指导意见》出台,推动各级政府加大教育投入力度,拉动中西部地区教育经费快速增加。

普通高中公共财政性教育经费投入不断增加,尤其是2017年,中部和西部地区普通高中公共财政性教育经费增长速度都在11%以上,明显高于东部地区(见图1-35)。从普通高中公共财政性教育经费具体投入总量上来看,2017年东部、中部和西部地区分别达到1457.95亿元、811.61亿元和931.65亿元,东部地区普通高中公共财政性教育经费最多,西部次之,中部最少。

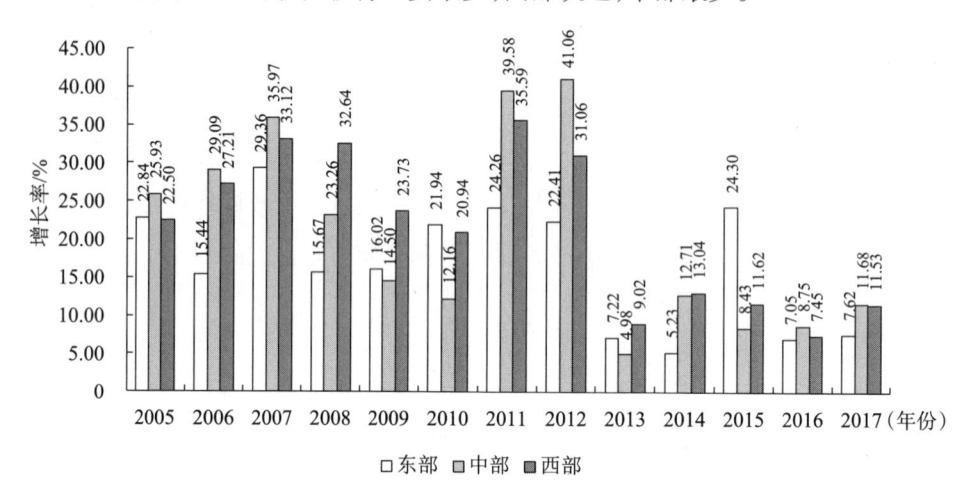

图1-35　2005—2017年东中西部地区普通高中公共财政性教育经费投入增长情况

从普通高中教育事业费拨款情况看,尽管东部地区拨款金额远远多于中部和西部地区,但增长速度明显低于中部和西部地区。2017年,东部地区普通高中教育事业费拨款达到1328.54亿元,中部地区754.78亿元,西部地区854.88亿元,分别比2016年增长8.92%、13.09%和10.80%。可以看到近几年国家对中部和西部地区普通高中教育投入力度明显增大。同时,值得注意的是中部地区普通高中教育事业费增幅在2016年和2017年连续两年高于西部地区,在一定程度上反映出国家对中部地方发展问题的关注。(见图1-36)

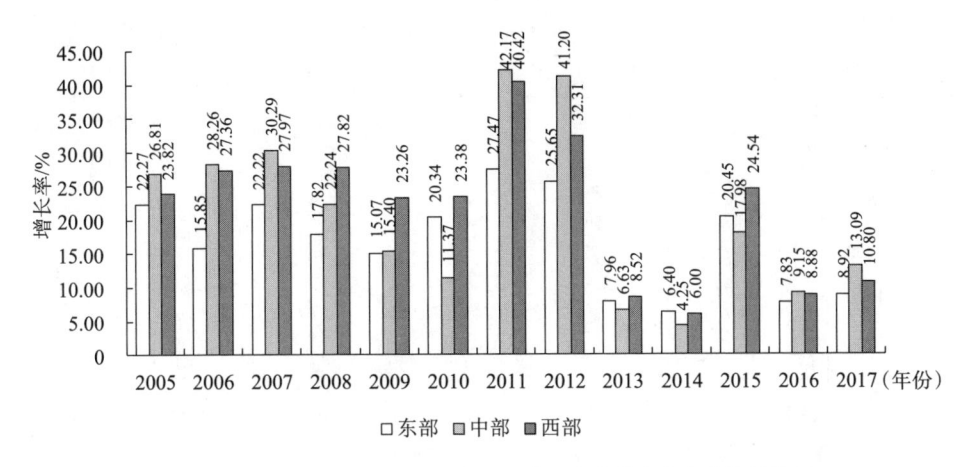

图1-36 2005—2017年东中西部地区普通高中教育事业费增长情况

(二)普通高中生均经费继续提高

1.普通高中生均经费继续增加

继2012年全国教育经费占GDP的比例突破4%以来,我国普通高中生均经费继续增加。2017年,全国普通高中生均一般公共预算教育事业费支出达到13768.92元,比上一年的12315.21元增加了11.80%(见图1-37)。除了新疆和吉林略有降低外,其他省份均有不同程度的增长,其中,河南、北京、湖南、重庆、广东、西藏、宁夏、安徽等地区生均一般公共预算教育事业费支出增长率在15%以上。从全国普通高中生均一般公共预算公用经费支出变化情况看,2017年增加到3395.59元,比上一年度增加了6.18%(见图1-37)。其中,宁夏增长率最高,达到24.56%,而吉林、内蒙古、山东、湖北、重庆、云南、西藏、青海、新疆等地区出现不同程度降低。

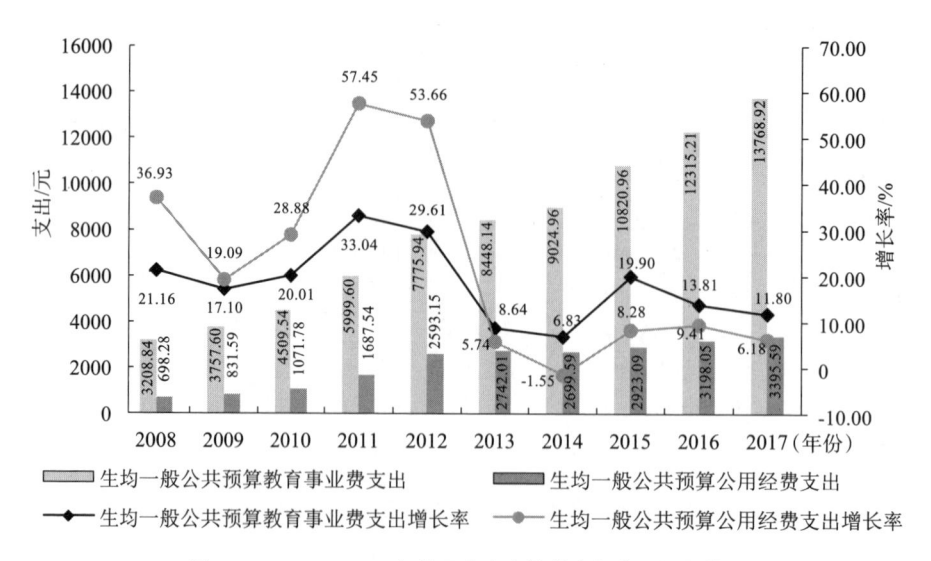

图1-37　2008—2017年普通高中生均教育经费及增长情况

2.中部地区普通高中生均教育事业费增速较快

伴随着国家对中西部地区教育投入力度的增大,中西部地区普通高中生均教育经费快速增加。普通高中生均预算内教育经费东中西部地区差距依旧明显,东部地区在2013年已经达到万元以上,而西部地区在2016年、中部地区在2017年才突破万元,西部地区略高于中部地区。从生均预算内教育事业费拨款变化情况看,东中西部地区生均经费增长幅度差异明显,2016年以来中部地区生均教育事业费增长速度超过西部地区,甚至高于东部地区。这从一个侧面反映出"中部塌陷"问题得到切实关注并有所缓解。(见图1-38)

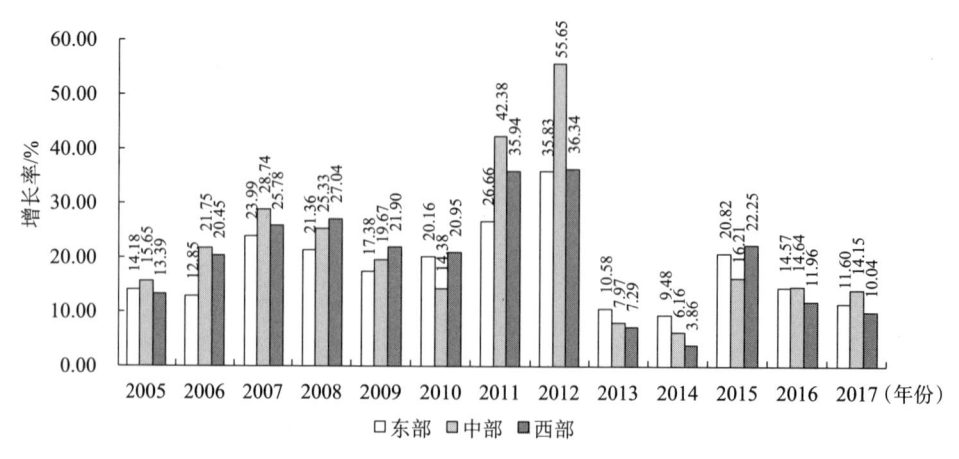

图1-38　2005—2017年东中西部地区普通高中生均教育事业费增长情况

（三）普通高中教育经费使用结构趋于合理

1. 普通高中教育事业费支出中公用部分占比趋于稳定

普通高中教育事业费支出包括个人部分支出和公用部分支出：前者是指用于人员经费方面的支出，例如教师的工资、福利费用、对学生的助学金支出等；后者是指用于公务费、业务费、设备购置费、修缮费及其他属于公用性质的经费支出，主要反映学校运营过程中所需费用。公用部分经费的比例代表学校教学活动所需仪器设备及学校正常的教学、管理活动所必需的公务开支的满足程度，因而它是反映教育经费充足（或短缺）程度的重要指标。2007年教育经费统计口径调整后，公用部分经费总额快速增加，2011年增幅最大达到31.07%，2014年以后趋于稳定，说明公用部分经费基本能够满足高中学校发展需要。2017年，普通高中公用部分经费达到1330.36亿元，比2016年增加2.76%，占事业性经费支出的31.01%。（见图1-39）

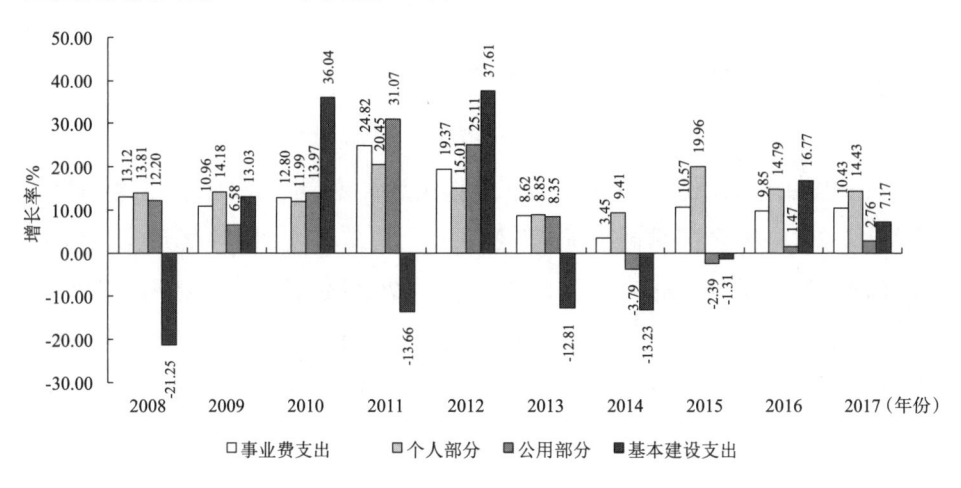

图1-39　2008—2017年普通高中教育事业费各部分支出增长情况

2. 普通高中教育事业费更加注重对个人的投入

普通高中教育事业费的个人部分占比稳步增加，从2007年的54.96%提高到2017年的66.94%，同时公用部分占比从41.03%降低到31.33%，基本建设支出占比从4.02%降低到1.74%，说明在教育经费的使用上更加侧重对普通高中教师的关注，试图通过提升教师待遇来确保普通高中教育质量，通过提高学生

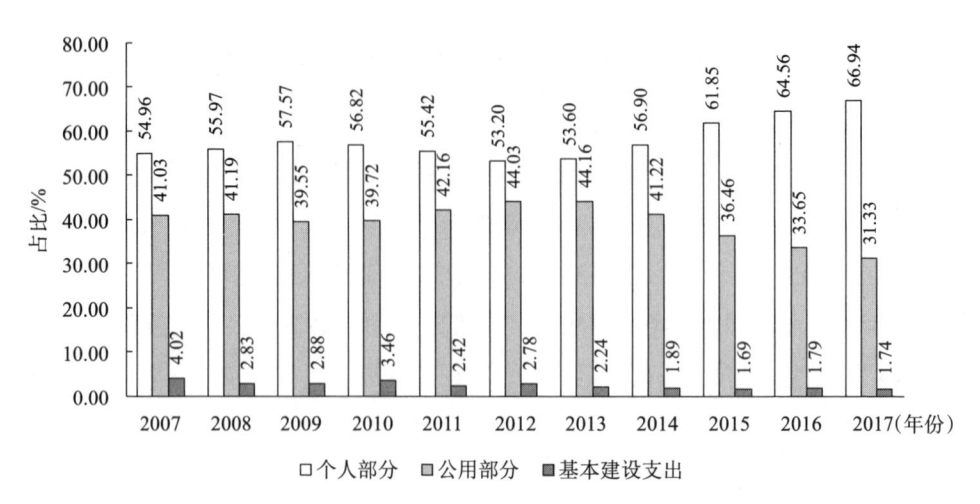

资助水平助力高中教育普及。(见图1-40)

图1-40 2007—2017年普通高中事业费支出构成变化情况

年份	个人部分	公用部分	基本建设支出
2007	54.96	41.03	4.02
2008	55.97	41.19	2.83
2009	57.57	39.55	2.88
2010	56.82	39.72	3.46
2011	55.42	42.16	2.42
2012	53.20	44.03	2.78
2013	53.60	44.16	2.24
2014	56.90	41.22	1.89
2015	61.85	36.46	1.69
2016	64.56	33.65	1.79
2017	66.94	31.33	1.74

(四)普通高中学生资助水平不断提升

1. 普通高中学生资助财政投入增大

在普通高中教育阶段,我国建立了以国家助学金为主体,学校和社会资助为补充的学生资助制度。2010年以来我国普通高中学生资助投入和覆盖面明显增大。2018年,全国对普通高中学生共投入资助金额189.79亿元,比上年减少4.01亿元,降幅2.07%;其中,财政资金投入176.11亿元,占普通高中资助资金总额的92.79%;西部地区109.69亿元、中部地区60.65亿元、东部地区19.45亿元。2018年全国共资助普通高中学生1332.74万人次,其中,西部地区814.98万人次、中部地区382.17万人次、东部地区135.59万人次。①

---

① 2018 年中国学生资助发展报告[EB/OL]. [2019-03-13]. https://gaokao.eol.cn/news/201903/t20190313_1649187_4.shtml. [2019-08-01].

资料:山东淄博加强信息系统建设提高普通高中学生资助管理水平(节选)

淄博市学生资助信息管理系统(以下简称"系统")由组织结构、学籍信息、家庭经济困难学生资格认定、资金统计等模块组成。

(一)组织结构

系统是由义务教育阶段、普通高中教育阶段、中职教育阶段3个分系统组成的,3个分系统之间的数据可以相互调用。系统管理分市级、区县、乡镇、学校、年级、班级六级管理,学校管理覆盖我市中小学校,学生管理覆盖上述学校所有在校生,以身份号码为学生在系统中的唯一身份标识,可以实现全市所有学生查重、家庭经济困难学生资格认定、资金统计等功能。

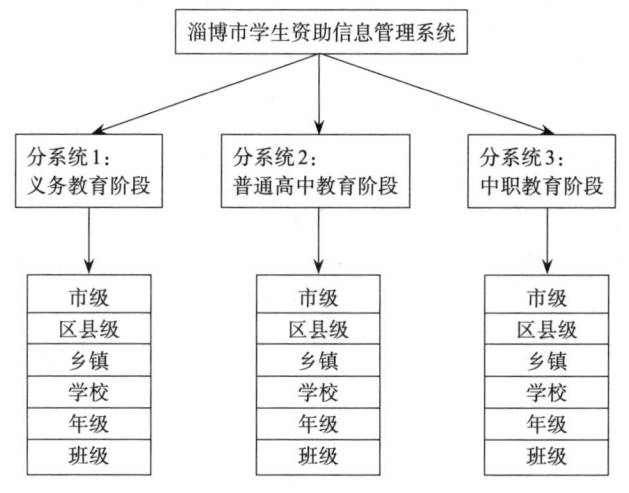

淄博市学生资助信息管理系统架构图

(二)学籍信息

学校将采集好的学籍信息用模板批量导入(也可以单个增加)。身份号码重复的学生在导入系统时,系统会自动提示重复的学生姓名、所在学校及学校学籍管理员联系电话。对于通过升学进入本校的学生,输入身份号码和姓名,可直接获取该生在原学校的相关信息。学生学籍信息可以实行动态管理。

(三)家庭经济困难学生资格认定

家庭经济困难学生资格认定包括几个步骤:(1)学校提交档次标准;(2)信息录入;(3)班级评议;(4)年级认定;(5)学校审批;(6)临时特困申请;(7)家庭经济困难学生复核。

(四)资金统计

资金统计部分包括两方面内容,一是资助需求分析,二是资金统计。具体如下:(1)资助需求分析。学生和家长如实填写需求分析表格后,由班主任将学生在校期间学费、生活费、课本费等所需资金与该生家庭可支付资金录入系统,系统自动生成每个家庭经济困难学生的资助需求。学校、区县、地市可以根据资助需求,在合理分配资助资金的同时,也可向社会发布资助金缺口,争取社会各界爱心人士的捐款。(2)资金统计。资金统计分财政资金、学校资金、社会捐助资金三类进行统计。学校在系统中及时填写各类资助资金的到位情况(到位时间、金额)和发放情况(发放时间,在导入模板填写学生姓名、身份号码、发放标准),导入系统,系统自动生成发放总金额、人数等相关信息。系统自动生成相关报表数据,数据每天更新一次。上级主管部门还可以自动生成各类报表,进行实时统计、监控。

(资料来源:http://www.csa.cee.edu.cn/index.php/shows/62/1548.html。)

2. 普通高中学生资助以国家助学金为主

从普通高中学生资助构成情况看,国家助学金成为学生资助的主体部分。2018年,全国有488.04万人次普通高中学生享受国家助学金政策资助;有200.70万人次普通高中学生享受建档立卡等家庭经济困难学生免学杂费政策;同时地方政府在落实国家助学金、建档立卡等家庭经济困难学生免学杂费政策的基础上,另外共资助普通高中学生516.94万人次;学校资助94.87万人次;社会资助32.19万人次。(见图1-41)

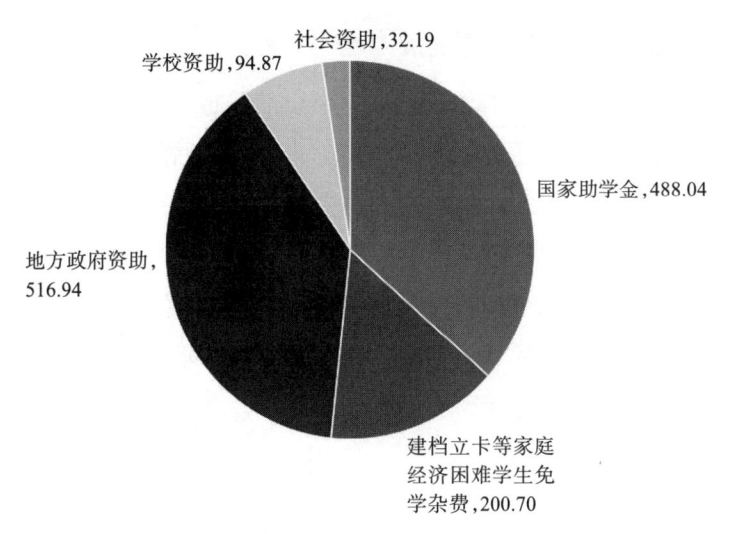

图 1-41　2018年普通高中学生受助人数(万人次)

地方政府在落实国家助学金政策的基础上,另外提供一定的资助经费。2018年,地方政府在落实国家助学金和建档立卡等家庭经济困难学生免学杂费资金的基础上,另外共投入地方政府资助资金52.22亿元。相比之下,以中央资金为主的国家助学金和建档立卡等家庭经济困难学生免学杂费的经费投入总额合计超过120亿元,其中,国家助学金成为普通高中学生资助的主体。(见图1-42)

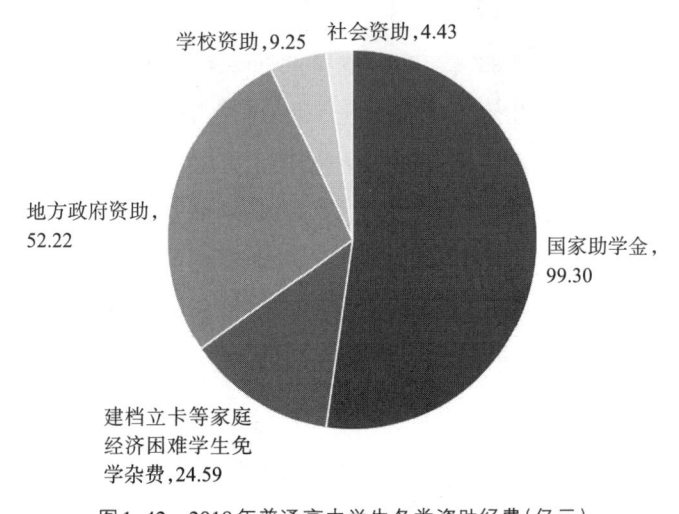

图 1-42　2018年普通高中学生各类资助经费(亿元)

3. 重点资助中西部地区普通高中学生

无论是国家助学金、地方政府资助、学校资助或是社会资助,都重点向中西部地区普通高中学生倾斜。2018年,国家助学金共资助普通高中学生488.04万人次,其中西部地区学生250.11万人次,占资助学生总数的51.25%,占西部地区普通高中在校生的33.31%。西部地区国家助学金覆盖率明显高于中部地区(18.39%)和东部地区(9.29%)。相比之下,西部地区接受学校资助的普通高中学生偏少,低于东部和中部;接受社会资助的普通高中学生数量虽少于东部,但多于中部地区。(见图1-43)

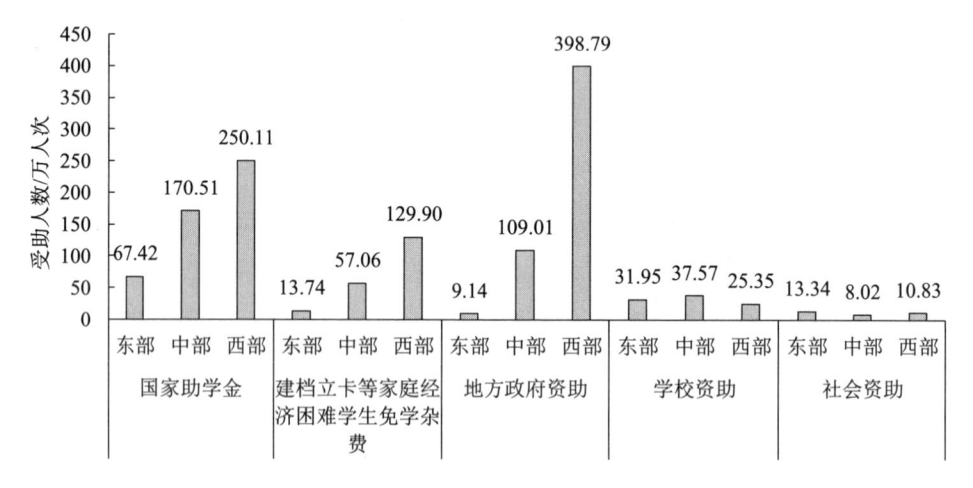

图1-43 2018年东中西部地区普通高中学生资助受助人数

从各类普通高中学生资助资金情况来看,学生资助总金额不断增加,2010年普通高中学生资助制度刚落地时资助金额为36.00亿元,到2018年资助金额达到189.79亿元,其中,国家助学金资助金额从2012年的73.44亿元增加到2018年的99.30亿元,86%以上面向中西部地区学生。[①]建档立卡等家庭经济困难学生免学杂费、地方政府资助、学校资助、社会资助等其他类型资助金额也呈现类似的区域分布状态,突出对中西部地区的关注。(见图1-44)

---

① 普通高中学生资助部分内容主要来自相关年度《中国学生资助发展报告》。

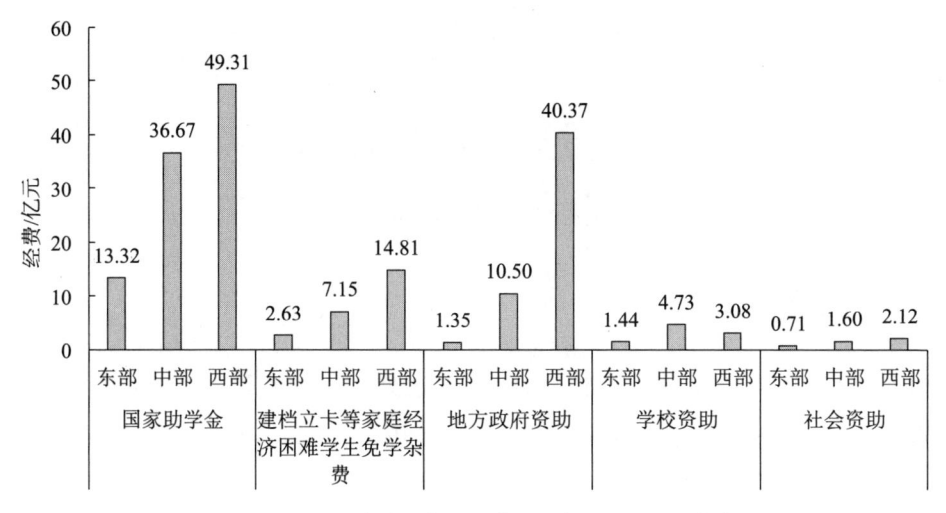

图 1-44　2018 年东中西部地区普通高中学生资助经费情况

第二章
普通高中办学体制
改革仍需深化

体制改革一直是改革开放以来我国教育改革的核心问题。[1]对于教育体制改革而言，首先就是办学体制改革，因为办学体制改革影响和制约着其他教育体制改革，是其他教育体制改革的基础与关键。在当前市场化背景下，它也是优化教育资源配置，提高教育资源利用率和办学效益，化解教育投入不足与资源相对浪费矛盾的一个有效途径。在我国普通高中教育普及化发展的进程中，多样化改革无疑是一个重要行动方向，而办学形式多样化已成为当前我国普通高中教育政策研究关注的一个重点。为了切实保证高中阶段教育的多样化、特色化发展，有效化解影响高中阶段教育的诸多矛盾，必须正确认识和处理好高中办学体制发展的若干关系。本章通过梳理改革开放以来，我国高中办学体制改革的政策变迁、办学体制改革的必要性和主要问题等，提出推进改革的政策建议，从而进一步激发普通高中的办学活力。

一、普通高中办学体制改革的政策变迁

分析高中教育政策变迁历程可以发现，我国高中教育办学体制呈现多元化的特点和趋势，是市场机制对我国高中教育政策影响的集中反映。普通高中办学体制多样化主要是指参与办学的主体多样化、办学经费的供给多样化。办学体制多样化是普通高中多样化的外部发展动力，不同的办学主体和多元的办学资源，为普通高中的学校类型多样化和培养模式多样化提供了物质基础与保障。从当前普通高中办学体制看，有公办高中、民办高中，以及改制高中或一

---

[1] 张志勇.体制改革：我国教育改革的核心问题[N].中国教育报，2009-03-24(4).

校两制高中等。政策层面呈现如下四个阶段性特征。

(一)从单一普高到开启与职业教育并举的体制阶段

改革开放以前,我国的基础教育管理体制过于集中,教育经费短缺,办学体制单一,中等教育尤其是高中教育的结构单一,几乎都是普通教育。高中学校数量少,办学效益较差。[①]

1978年,党的十一届三中全会召开,随着国家现代化建设转向以经济建设为中心,原有计划经济体制下由政府包办基础教育的办学体制,明显表现出政府投入的基础教育资源很难满足人们多样化的教育需求。教育经费的严重短缺阻碍了基础教育发展的速度,教育资源配置不合理现象明显。因此,为了突破基础教育困境和加速发展,必须改变单一的政府投资的体制,实行多元化办学。

1985年5月,《中共中央关于教育体制改革的决定》提出,调整中等教育结构,大力发展职业技术教育。由此,调整高中阶段教育结构掀起了高中阶段教育改革的序幕。

(二)从单一政府办学转向社会力量参与办学的体制阶段

1993年2月,《中国教育改革和发展纲要》首次提出"普通高中的办学体制和办学模式要多样化"的要求,掀起了兴办民办学校的热潮。1995年6月,《国家教育委员会关于大力办好普通高级中学的若干意见》中提出:拓宽办学渠道,改变政府办学的单一体制,逐步建立以地方政府办学为主,社会各界共同办学的体制;支持和鼓励社会团体、公民个人按照国家法律和政策举办普通高中,也可以实行"公办民助""民办公助""公有民办"等办学形式。1999年6月,《中共中央 国务院关于深化教育改革,全面推进素质教育的决定》指出,鼓励社会力量以各种方式举办高中阶段和高等职业教育。

2001年,《国务院关于基础教育改革与发展的决定》提出,要加强对公办学校办学体制改革试验的领导和管理。2004年出台的《2003—2007年教育振兴

[①] 刘福才.我国普通高中办学体制改革:现状、问题与发展路向[J].华南师范大学学报(社会科学版),2010(6):28.

行动计划》指出,应"多种形式积极发展普通高中教育,扩大规模,提高质量"。2006年,《教育部等七部门关于2006年治理教育乱收费工作的实施意见》要求坚决制止以改制为名乱收费,进一步规范公办学校办学行为。

从2004年之前出台的政策和法规可以看出,国家对高中阶段办学体制多样化持积极的认同态度,即鼓励和支持社会力量参与发展高中教育。但从2006年起,普通高中改制学校成为教育领域"乱收费"的焦点和清理整顿的重点。此外,尽管2003年《中华人民共和国中外合作办学条例》明确规定属于非义务教育的高中教育可以采用中外合作办学,但实践中人们关注的重点仍主要集中在高等教育领域和职业教育领域,对普通高中教育领域尚未引起足够的重视。改制学校的进退问题引起了社会的广泛关注,高中教育又似乎有简单复归同质化的倾向。至此,普通高中在办学体制发展理念上向着更加公平的方向倾斜,在办学条件上向着更加均衡的方向推进。

(三)进入深化和促进办学形式与体制多样化的新阶段

2010年发布的《国家中长期教育改革和发展规划纲要(2010—2020年)》明确要继续把教育摆在优先发展的战略地位,把改革创新作为教育发展的强大动力。要以体制机制改革为重点,鼓励地方和学校大胆探索与试验,创新人才培养体制、办学体制、教育管理体制,建设现代学校制度。在高中教育发展问题上,要加快普及高中教育,推动普通高中教育多样化发展。该规划纲要明确提出:深化办学体制改革,坚持教育公益性原则,健全政府主导、社会参与、办学主体多元、办学形式多样、充满生机活力的办学体制,形成以政府办学为主体、全社会积极参与、公办和民办教育共同发展的格局。

针对高中办学体制,《国家中长期教育改革和发展规划纲要(2010—2020年)》明确提出:要推进普通高中多样化发展。促进办学体制多样化,扩大优质资源。充分调动广大社会力量组织参与教育办学的积极性,进一步激发教育办学活力,满足广大人民群众多层次、多样化的教育需求。推进培养模式多样化,满足不同潜质学生的发展需要。鼓励普通高中办出特色,鼓励有条件的普通高中根据需要适当增加职业教育的教学内容,探索综合高中发展模式,采取多种方式为在校生和未升学毕业生提供职业教育。①

2010年前的政策文件,对普通高中"多样化"的规定主要指向办学的体制与形式,其主要目的在于拓展普通高中教育资源,普及高中教育。在实践过程中,还出现了"办学形式多样化"被理解为"特殊化""重点/示范化""等级化"等的偏差与误区,严重影响普通高中的公平发展生态。而《国家中长期教育改革和发展规划纲要(2010—2020年)》对于"多样化"的规定,既直指当前我国普通高中办学模式较为单一的现状与弊端,同时更表明我国普通高中在进入大众化阶段之后,迫切需要从以拓展资源为主的"办学形式与体制"的多样化,向以提升质量为主的"内涵发展"的多样化转型。②

(四)走向民办学校分类管理和普高与职高协调发展的阶段

2016年《中华人民共和国民办教育促进法》(以下简称《民办教育促进法》)修改,明确规定对民办学校实现分类管理,允许社会组织及个人举办实施学前教育、高中阶段教育、高等教育以及非学历教育的营利性民办学校。在对待合理回报和营利性等问题上,2016年的《民办教育促进法》给予了明确规定,"民办学校的举办者可以自主选择设立非营利性或者营利性民办学校","营利性民办学校的举办者可以取得办学收益,学校的办学结余依照公司法等有关法律、行政法规的规定处理",这从法律层面上解决了多年来民办学校在发展实践中存在的困惑,为民办教育的发展提供了法律基础。

2017年3月,教育部等四部门联合印发《高中阶段教育普及攻坚计划(2017—2020年)》,指出高中阶段教育是国民教育体系的重要环节,是学生从未成年走向成年、个性形成以及自主发展的关键时期,肩负着为各类人才成长奠基和高素质技术技能型人才培养的使命。普及高中阶段教育既是适应我国经济结构转型升级、提高劳动力受教育年限的迫切需要,也是进一步提升国民素质、建设人力资源强国的基础性工程。

尽管在国民经济和社会发展"十二五"期间,我国高中教育发展取得了巨大

---

① 杨润勇.国家中长期教育改革和发展规划纲要(2010—2020年)学习读本[M].长春:吉林大学出版社,2010:139—140.
② 刘世清.论普通高中的发展困境与政策取向[J].教育研究,2013(3):47—53.

成绩,无论是办学规模还是办学质量都取得了巨大进步,但是高中教育还存在许多短板,如普通高中教育与中等职业教育两者之间发展不协调,不利于我国产业结构升级以及"中国制造2025年"战略的顺利实现。为此,《高中阶段教育普及攻坚计划(2017—2020年)》明确提出,到2020年在全国范围内普及高中阶段教育,在办学体制上使普通高中与中等职业教育结构更加合理,办学条件进一步改善,高中教育办学经费投入机制更加健全,办学质量和办学特色进一步提升。

二、普通高中办学体制改革的时代必然

普通高中办学体制转型既有内在因素,也有外在因素。内在因素主要是现行普通高中办学体制不能满足人们对普通高中教育的多样化需求。外在因素主要是经济社会转型对普通高中教育发展的要求、传统办学体制下高中教育办学经费不足的外在要求、教育治理现代化和新高考改革对办学体制改革的要求,以及国际高中教育改革与发展的新趋势。

(一)社会转型对教育发展提出新要求

通常而言,社会转型是指人类社会由一种形态向另一种形态进行转变,这种转变会给整个社会系统带来内在结构的改变,从而使人们的生产生活方式、价值观念等都发生深刻变化。改革开放四十多年来,在党中央的领导下,我国先后启动了分权化与市场化的改革,发生了由传统农业社会向现代工业社会转型、由高度集中的计划经济体制向充满活力的社会主义市场经济体制转型、由故步自封的封闭半封闭社会向全方位开放的社会转型、由同质单一性社会向异质多样性社会转型等一系列社会变革。这些转型给我国经济社会发展带来了各个层面上的变化,包括结构上、体制上、观念上的变化等。

社会转型给教育发展带来的一系列变化有以下几个方面。首先,它扩大了整个社会对各级各类教育的需求。社会转型在促进各行各业发展的同时,也加剧了各行业之间的竞争,激发了社会对人才的需求,而这一切为教育变革与发

展注入了新的活力。其次,它打破了传统封闭办学的局面。随着社会转型,教育已经逐步由传统计划指令的封闭式教育向市场竞争的开放式教育转变,打破了传统的国家垄断教育的格局。再次,它促使人们教育价值观念发生变化。在社会转型背景下,人们的教育观念已经由传统保守、封闭、单一的教育发展观念逐步转变为开放、多元的教育发展理念,由不尊重知识和人才向全社会尊重知识和人才转变。最后,它推进教育改革不断走向深化。在社会主义市场经济体制下,市场经济的开放、多元及竞争等特性对传统教育在办学体制、办学思想、管理体制等诸多方面产生了巨大影响,促使教育自身深化改革与发展,以适应经济社会发展的要求。[①]

(二)经济体制改革和产业结构升级促使办学体制转型

自改革开放后,我国在经济领域进行了经济体制改革,逐步建立起以公有制为主体、多种所有制经济共同发展的经济体制。经济体制的变革为教育体制改革提供了坚实的物质基础,但与此同时也对教育提出了新的挑战。原有的国家包揽一切的办学体制已经不适应新的经济发展形势。在新形势下,经济体制改革在教育领域的集中表现就是办学主体多元化,发挥市场机制在教育资源配置中的作用。在一定程度上来说,办学体制改革是计划经济体制向市场经济体制转型的产物。

在社会转型背景下,高中教育如何在应对产业升级和教育需求多样化中进一步发展,是当前整个国家和社会特别关注的问题。作为承担着学生升学与就业双重任务的高中教育,如何在新的社会背景下,改革原有的办学体制,以适应我国工业化、教育现代化、市场化和国际化发展等带来的新挑战?如何面对现代化建设需要大量高素质技能型人才的要求?如何解决现实中存在的制约高中教育发展的体制问题?这些都是摆在世人面前的十分紧迫而又艰巨的任务。

(三)多样化的教育需求是办学体制改革的内在动力

反观我国教育实践,单一化、大一统的公办学校教育供给模式难以满足广

---

① 梁剑.普通高中办学体制转型研究[D].重庆:西南大学,2017.

大人民群众对教育个性化、多样化的需求。尽管我国高等教育已经进入大众化发展阶段,2016年我国高等教育毛入学率达到42.7%[①],但是仍然有一半以上的高中毕业生未能进入大学进行学习,高中教育的升学压力仍然较大。要解决广大人民群众日益增长的个性化、多样化教育需求与现有教育供给不足之间的矛盾,其主要途径就是大力发展教育事业,在继续深化公办教育改革与发展的同时,发挥民办教育的重要作用,增加教育供给,增加全民受教育机会,保障国民受教育的权利。

纵观我国教育发展的现实,与上述需求相悖的是,传统计划体制下的教育水平只能缓慢提高,教育领域中的供需矛盾将办学体制改革推向了改革的中央。可以说,原有办学体制不变,现有的教育经费投入机制、教育管理体制等就难以发挥作用。这也是近些年来我国办学体制急需转型的主要原因。

(四)传统办学体制弊端对现有教育发展的制约

我国正处于并将长期处于社会主义初级阶段,"穷国办大教育"是我国教育发展的基本国情。随着经济社会的发展,传统办学体制所带来的弊端日趋明显,严重阻碍着我国教育的改革与发展。从教育经费投入来看,我国政府的财政性教育经费投入严重不足。在很长一段时期,国家财政性教育经费在国内生产总值中所占的比重没有达到国际社会所要求的最低4%的标准,直到2012年才实现了这一基本目标,与发达国家比相去甚远。并且,着眼于国家发展战略等各种因素,有限的教育经费重点投放在义务教育和高等教育上。

从学校内部层面来看,在传统的以政府为办学主体的单一办学体制下,学校的办学经费由政府财政划拨,师资由政府统一分配,招生计划和课程设置都由政府安排,学校没有办学自主权,也缺乏内外部竞争和压力,办学积极性不高。可以说,传统办学体制的僵化导致了整个教育系统缺乏办学活力,广大学校缺乏求发展、争创新的动力机制。

因此,要想增加教育经费投入,弥补原有教育经费不足的问题,增强办学活力,就必须改变传统的由政府包揽一切的办学体制。通过办学体制改革来推动

---

① 教育部.全国教育事业发展统计公报(2016年).

教育经费投入、教育管理等各个方面的体制改革,充分利用社会教育资源,调动社会办学的积极性,促进教育事业稳定健康发展。改革开放四十多年以来的教育改革和发展的实践充分证明,体制改革是推动我国教育发展的强大动力。没有教育体制改革的深入,没有在办学体制、管理体制、投入体制等方面取得的重大进展,就不会有我国教育发展所取得的历史性突破。

三、普通高中办学体制改革存在的问题

在多元化社会里,广大人民群众的消费需求个性化、差异化是社会发展的必然趋势。尽管自改革开放以来包括高中教育在内的各级各类教育都取得了巨大成就,义务教育的普及以及高等教育的大众化发展水平有所提高,高中教育也进入了普及化发展阶段且普及率逐年提高,但是,受各种因素的影响,高中教育在办学体制方面,仍存在如下几个方面的突出问题。

(一)高中教育构成结构性失调

高中教育在发展过程中,存在着严重的结构性失调,公办与民办、普通教育与职业教育之间也存在着失调,发展比较单一。结构性失调突出表现为如下两方面。

一方面,在高中教育内部,普通高中教育占据整个高中教育的大半壁江山,职业教育发展举步维艰。在普通高中和职业高中招生上,2017年,中等职业教育招生582.43万人,占高中阶段教育招生总数的42.13%;在校生1592.50万人,占高中阶段教育在校生总数的40.10%。2018年中等职业教育招生557.05万人,占高中阶段教育招生总数的41.27%;在校生1555.26万人,占高中阶段教育在校生总数的39.53%。可见,中等职业教育无论在招生人数还是在在校生人数方面,都呈下降的趋势,普通高中仍占据优势。

另一方面,在公办高中和民办高中发展过程中,公办普通高中学校发展一枝独秀,民办普通高中发展迟缓。2018年,民办普通高中3216所,比上年增加214所,占全国普通高中总数的23.41%;在校生328.27万人,比上年增长7.19%,占全国普通高中在校生总数的13.82%。

(二)普通高中办学体制单一化倾向明显

长期以来我国实行一元化的办学体制,即各级各类学校以政府公办学校为主体,学校的办学规模、发展类型、结构布局、招生、课程设置、教学内容等方面全部由政府统一规定,各级各类学校照章行事。普通高中教育也是如此。目前,我国普通高中办学体制存在的主要问题仍然是办学体制单一化,政府是举办普通高中教育的主要力量,社会力量参与不够,导致办学模式单一,缺乏办学特色。政府对普通高中学校实行"千校一令",限制了普通高中办学体制多样化发展的需求。

随着社会和经济的飞速发展,这种以政府公办为主的单一办学体制,一方面限制了学校多样化发展类型与规模,致使学校不能改变办学主体,只能按照政府要求的办学类型与规模进行发展,丧失了发展活力和动力;另一方面,由于政府包办教育,导致学校缺乏自主权,无法适应社会环境的变化,使学校在外部运作及内部管理上缺乏竞争力,培养的学生难以满足社会对多元化人才的需求,得不到市场的认可,不能与社会经济的发展相适应,严重影响了普通高中多样化发展进程。

普通高中教育从公办为主转向多元发展还需要从办学体制改革层面寻求突破,鼓励和扶持一批高水平的民办普通高中,形成公办民办共同发展的多元办学格局。但是,发展民办普通高中已经不再是为了缓解教育经费不足问题,而是通过民办学校与公办学校的共同发展,试行公办学校联合办学、民办校托管公办校、委托管理、中外合作办学项目等,增强学校办学活力,扩大优质教育资源,提高学校办学质量。[①]

(三)普通高中民营化缺乏有效治理手段

20世纪90年代中后期,在政策的鼓励下,出现了民办学校以及具有混合特性的"民办公助""公办民助"等多种形式,其中,有一部分是从公办学校转变为民办学校的。转制学校最早出现在北京、上海、天津等直辖市,其后逐步扩散到河南、河北等省份。但随着2006年国家对学校乱收费的整治,全国义务教育阶

---

① 邓云锋.区域普通高中发展结构布局调整的探索与思考[J].人民教育,2018(10):13—16.

段的转制学校被取消,大部分省份的转制高中也变成了"四独立"的学校,只有少数省份的部分转制公办高中被保留了下来。2006年之前可谓我国教育民营化的第一阶段,之后国家主要采取公共政策和行政管理的方式解决教育民营化第一阶段出现的各种问题,表现出"国进民退"的趋势。[①]

国家支持有条件的普通高中学校与国外知名高中交流与合作。大力支持民办普通高中教育发展,完善优惠政策,重点扶持办好一批高水平的民办普通高中学校,探索灵活多样的办学形式。显然,教育民营化第二个阶段的目的不同于第一个阶段解决资源和经费的目的。在财政经费问题不再像过去那样短缺的情况下,教育民营化如何进行?政府如何在治理方式上适应这种发展变化趋势?似乎还缺乏明确的答案。[②]

(四)普通高中对外合作办学定位不明

许多公办学校的国际班并没有以"中外合作办学"的名义开展,而是以"课程改革实验班"以及学校"国际部"等打政策"擦边球"的形式存在。通过开发中外合作办学项目,既满足部分学生出国留学的需求,又满足高中课程改革的需求,这些探索和尝试都曾为公办高中办学体制改革开启新的思路。但由于监管缺失、学费高昂、被指不合理占用公共资源等因素,社会要求限制公办学校办国际班的声音也一直存在。

2013年,教育部出台《高中阶段国际项目暂行管理办法(草案)》,明确要求对各类高中"国际部"和"国际班",从招生、收费等多方面予以规范,对部分不符合规定的"国际班"要进行清理或转制。政策"收紧",公办高中国际班何去何从?可见,国家对于普通高中中外合作办学的地位和作用还缺乏充分的认识,没有形成正确的办学定位,对现有的办学也缺乏有效的规范和监管。

[①] 崔伟,阎凤桥,汪明.中国教育民营化及其困境——河北办学体制改革高中案例[J].中国人民大学教育学刊,2011(4):112—133.
[②] 崔伟,阎凤桥,汪明.中国教育民营化及其困境——河北办学体制改革高中案例[J].中国人民大学教育学刊,2011(4):112—133.

资料:山东推进民办高中发展的做法

为推进民办普通高中的改革和发展,《山东省中长期教育改革和发展规划纲要(2011—2020年)》提出要推进普通高中办学体制多元化,形成公办与民办普通高中教育共同发展的办学格局。2014年,山东省委办公厅、省政府办公厅《关于推进基础教育综合改革的意见》提出,要鼓励社会力量办学,支持社会力量采取公建民营、民办公助、混合股份等形式举办中小学。鼓励社会力量与公办学校建立学校联盟,支持名校办分校、优质学校托管薄弱学校。2017年度,山东省民办普通高中达到162所,在校生22.32万人,分别占全省高中总数和在校生总数的27.37%、13.49%,一大批优质的民办高中脱颖而出。

(资料来源:邓云锋,《区域普通高中发展结构布局调整的探索与思考》,《人民教育》,2018(10):13-16.)

四、普通高中办学体制改革的策略

办学体制改革是管理体制改革下的另一重要诉求,它对于调节国家办学与社会办学之间的关系和发挥不同办学主体的内在潜能具有重要意义。普通高中多样化发展必须力争实现普通高中办学体制改革的突破,处理好办学主体一元与多元的关系,在不改变国家办学为主的前提下,大力发展民间资本办学,鼓励私立学校与公立学校之间的良性竞争和多元发展,鼓励二者共同探求更适合受教育者个性的教育方式,使受教育者在未来发展过程中有更多的选择,促进普通高中快速发展、个性发展、多样发展。目前,我国的普通高中教育在办学体制、办学模式和培养模式等层面已逐步形成了多样化的格局,但在办学水平和质量方面仍未达到理想境界,相关的配套措施远未完善,各层各类学校的运行机制还存在诸多缺陷,甚至不乏"应景"之作,有待进一步理顺、规范、完善和提升。为普及高中阶段教育,进一步释放普通高中"办学活力",使办学体制改革更加规范有序,办学体制改革仍需寻求新突破。

(一)继续坚持推进办学体制改革

办学体制多样化是普通高中多样化发展的重要动力,它从外部保证了普通高中多样化发展的可能。单一的办学体制显然无法满足普通高中培养模式多样化的需求,而探索普通高中办学体制多样化则可以在更大程度上激发办学主体的积极性,并催发出更多的办学模式以促进培养对象的多样化发展。

不同的时代背景决定教育办学体制的不同,社会越发展、越开放,办学体制就越多元,多元主体已经越来越成为当前时代对于教育的迫切要求,这是教育者与受教育者对自身权利诉求的客观反映。不同的办学体制决定了办学主体的权利范围,不同的办学体制可以催生出不同的办学主体,并促进办学主体之间的良性竞争,这是普通高中努力发展自身特色的重要外部推动力。办学体制涉及不同利益群体的利益均衡,打破现有体制需要经历改革的阵痛与既得利益者的阻挠,但办学体制的多样化反映了普通高中多样化发展的本质要求,是普通高中多样化发展的大势所趋,唯有顺势而动,才能实现普通高中更大的发展。

(二)切实消除现有办学体制的束缚

相较于对培养目标的认识不正确,体制僵化对普通高中多样化发展所产生的影响更为深远,唯有打破体制上的限定才可能彻底实现普通高中多样化发展的目标,在体制问题上迫切需要解决的是管理体制问题。普通高中的管理体制问题根本在于如何正确定位普通高中与教育行政部门之间的关系,只有明确各自的"权、责、利"范围,才能真正发挥各自的功能和积极性。

由于受到传统行政关系的影响,教育行政部门对普通高中的管理还存在着权力界限模糊、权责不清等问题,这既不利于调动普通高中自我发展的积极性,也使得教育行政部门的管理达不到实效,在损耗资源的同时没有完成既定的目标。

教育行政部门应当在正确认识自身角色的前提下,稳妥适当地下放权力,构建新型的教育行政部门与普通高中之间民主和谐的权力与权利关系、权利与义务关系、权力与责任关系,以激发普通高中的办学活力和积极性。同时,要保证国家对普通高中办学的有力扶持,通过适当的评价机制,引导普通高中在办学过程中坚持公益性,坚持探寻自身发展特色,根除"千校一面"的痼疾,形成普通高中全面实现培养目标的良性发展格局。在这一过程中尤其需要注意的是,普通高中多样化发展是有标准的"多样化",这一标准就是国家对于普通高中教育质量、办学条件的最低要求,所有普通高中的"多样化"应是在满足这一标准之上的"多样化",而非任意的"多样化",否则就会由一个极端走向另一个极端。

(三)深化改革推动普通高中内涵建设

为保障普通高中多样化发展,需要理顺普通高中办学体制机制,规范普通高中招生行为,同时切实落实"管、办、评"分离,给予普通高中学校应有的办学自主权。教育行政部门应当在正确认识自身角色的前提下,稳妥适当地下放权力,构建新型的教育行政部门与普通高中之间的关系,以激发普通高中的办学活力和积极性,提高管理效能和教育质量,增强学校的"内功"和"软实力"。同时,要继续推进办学体制改革,加快落实民办学校奖励与扶持政策,区别生均经费补助和项目补助,提高民办教育发展专项资金使用效率,调动社会资源参与普通高中教育的积极性。

(四)引导民办高中高水平特色发展

当前,进一步完善优惠政策,扶持办好一批高水平的民办普通高中,形成多元办学格局,满足学生多样化选择需求,仍然是深化普通高中办学体制改革的重要内容。要建立多元化的办学体制,政府要行使好教育统筹权,通过制定相应的政策引导和调动社会、企业、个人参与教育事业的积极性,引导民办教育高水平特色发展。例如:通过税收优惠政策引导企业办学;吸引社会资金兴办教育,打破教育领域的投资壁垒;鼓励社会各界捐赠教育事业;以法律形式保障私立教育的正当权益等;鼓励个人、社会、团体投资办学,在区分营利性和非营利性的学校的前提下,对学费标准作出相应的规定。

今后民办普通高中依然有较好的生存空间,需强化以质量特色吸引生源。但受高中阶段学龄人口下降影响,加上《国家中长期教育改革和发展规划纲要(2010—2020年)》鼓励公办学校深化办学体制改革,开展联合办学和委托管理等试验,民办学校与公办学校之间、民办学校之间的竞争势必逐渐升温,因此,应积极引导民办普通高中积极探索高水平特色发展路径,形成优质或特色品牌。

(五)规范中外合作项目的审批与评估

自教育部出台《高中阶段国际项目暂行管理办法(草案)》后,2014年,北京市在中考招生过程中加强对公办高中国际班的招生规范,同时不再审批新的高中中外合作办学项目。上海不仅停止审批,部分办学不规范的公办高中国际班也已改制,转入民办学校。2016年,北京四中率先启动国际课程项目的剥离和改制,北京四中的国际课程项目改为民办性质。北京四中成为北京市第一所"国际班转民办"的重点学校。

过去,教育行政部门对国际班招生计划和分数线等有一定的限制,但对办学质量却无太多监管。国际班无论是公办还是民办,关键是提供值得信赖的教育质量。今后,教育行政部门应设定国际课程准入和课程设置的指导、监督机制,对国际课程引入进行把关,建立独立的第三方监督机构,监督、评估国际课程项目的实施,并设置有效的退出机制。

第三章
普通高中教育管理体制
如何优化

普通高中教育管理体制是一个复合概念,核心词语是管理体制,因此我们首先要弄清楚管理和体制意味着什么。什么是管理?经典教科书对管理的共识是:管理意味着协调、监管,意味着正确地做事即高效率,做正确的事情即成效,管理是指向一个目标,为了高效率与高成效地完成这个目标而协调和监管一群人或组织的活动。什么是体制?静态地看,体制包括组织机构和组织运行所依据的制度两部分,而要使机构运行起来、使制度活起来而不停留于文本上,还要一个看不见的客观存在,那就是机制,机制连接着机构和制度,形成一个动态的体制。教育管理体制指教育管理系统的机构设置、隶属关系和权限划分的总体状况。它包括管理机构与管理规范两个看得到的要素和管理机制这一个看不到的要素。其存在是为了高效而有成效地实现教育管理的目标。教育管理体制受社会生产力和生产关系的制约,也受教育理念、文化类型、政治体制的影响。那么,普通高中教育管理体制是指普通高中教育管理系统的机构设置、隶属关系和权限划分的总体状况。可以从普通高中教育管理机构和普通高中教育管理制度的相关政策来分析普通高中教育管理体制。

一、普通高中教育管理体制的政策变迁

改革开放后,教育领域首先拨乱反正,恢复正常教育教学秩序。经过1978年到1984年这段时期的过渡,我国高中教育发展基本恢复到正常轨道并开始显现出管理体制制约发展的问题,于是,以1985年《中共中央关于教育体制改革的决定》的颁布为标志,我国开始改革普通高中教育管理体制。经过多年的

探索与实践,基本上确立了"地方负责、分级管理"的普通高中教育管理体制。21世纪后普通高中教育管理体制改革进一步深化,2001年《国务院关于基础教育改革与发展的决定》的出台标志着普通高中教育管理体制改革从政策目标转为政策前提;2010年发布的《国家中长期教育改革和发展规划纲要(2010—2020年)》对高中教育管理体制进行了更为丰富、完整和细致的顶层设计,也奠定了2010年以后我国普通高中教育管理体制变革的方向。因此,我国普通高中教育管理体制的政策变迁可以划分为三个时期:1985年到2000年的"地方负责、分级管理"的理念确定期,这一时期主要是提出并确立了"谁来管"普通高中教育的问题;2001年到2010年的"主体就位、体系完形"的顶层设计期,主要是系统梳理和继承之前的教育管理体制政策精神,加以系统化、丰富化和可操作化,基本确立中央和地方各级政府在普通高中教育管理体制方面"管什么"的框架体系;2011年至2018年为"制度规约、重在学校"的专项政策期,主要是遵循《国家中长期教育改革和发展规划纲要(2010—2020年)》的顶层设计具体落实"怎么管"。

(一)"地方负责、分级管理"的理念确定期:1985—2000年

1985年5月,《中共中央关于教育体制改革的决定》提出改革管理体制,在加强宏观管理的同时,坚决实行简政放权,扩大学校的办学自主权。中央政府把基础教育管理权让渡于地方。除大政方针和宏观规划由中央决定外,具体政策、制度、计划的制定和实施,以及对学校的领导、管理和检查的责任和权力都交给地方。此外,也初步提出建立校长负责制和教职工代表大会制度。

1993年2月,《中国教育改革和发展纲要》明确提出"分级办学、分级管理"体制,对中央和地方政府的教育管理权限作出规定。中央政府负责设立基本学制、课程设置和课程标准、学校人员编制标准、教师资格和教职工基本工资标准等规定,建立各级各类教育的质量标准和评估指标体系。省、自治区、直辖市政府有权确定本地区的学制、年度招生规模,确定教学计划,选用教材和审定省编教材,确定教师职务限额和工资水平等。中等及中等以下各类学校实行校长负责制,校长要依靠教职员工办好学校。

1994年7月,《国务院关于〈中国教育改革和发展纲要〉的实施意见》进一步将基础教育管理体制界定为"在国家宏观指导下主要由地方负责、分级管理体制",进一步改变政府包揽办学现状,形成政府办学与社会各界参与办学相结合的新办学体制。1998年,《面向21世纪教育振兴行动计划》再次申明要形成"以政府办学为主体、社会各界共同参与、公办学校和民办学校共同发展的办学体制"。

1999年6月,《中共中央 国务院关于深化教育改革,全面推进素质教育的决定》继续完善基础教育主要由地方负责、分级管理的体制。但要在高中及其以上教育的办学水平评估、人力资源预测和毕业生就业指导等方面发挥非政府的行业协会组织和社会中介机构的作用。同时,鼓励社会力量兴办高中阶段教育。

中央政府在把基础教育管理权下放给地方的同时,还通过督导、评估等方式实施结果性的监管。而且,办学体制的变革体现了政府向社会放权、教育向市场开放,办学主体的多样化也体现了与社会主义市场经济体制相适应的教育新体制。

(二)"主体就位、体系完形"的顶层设计期:2001—2010年

在基础教育由地方负责、分级管理已成共识的背景下,普通高中教育管理体制的政策向更具可操作性、更加具体的方向转变,"地方负责、分级管理"由政策目标变成为政策前提。

2001年5月,《国务院关于基础教育改革与发展的决定》颁布。其中规定县级以上教育行政部门对高级中学和完全中学校长进行提名、考察或参与考察,按照干部管理权限任用和聘任。积极推行校长职级制。办学方面,在基础教育以政府办学为主的框架下,积极鼓励社会力量办普通高中。

2004年3月,国务院批转教育部《2003—2007年教育振兴行动计划》。以中央政府为代表的政府部门加快职能转变,中央政府的管理职能具体到了政策制定、宏观调控和监督指导。地方教育行政部门全面推动中等及以下学校的督导评估工作,建立对县级人民政府教育工作的督导评估机制,并将督导评估结果

作为考核政绩和表彰奖励的重要依据。学校则要扩大办学自主权。除全面推行校长聘任制和负责制外，更是首次提出深化学校内部管理体制改革，探索建立现代学校制度。

2008年8月，国务院启动国家中长期教育改革和发展规划纲要的研究制定工作，于2010年7月正式发布。《国家中长期教育改革和发展规划纲要（2010—2020年）》指出，以转变政府职能和简政放权为重点，深化教育管理体制改革，提高公共教育服务水平。就中央和地方政府的管理权限来说，中央政府负责统一领导和管理国家教育事业，整体部署教育改革试验，统筹区域协调发展。地方政府的管理权限是负责落实国家方针政策，开展教育改革试验，根据职责分工负责区域内教育改革、发展和稳定。就政府与学校之间的关系而言，该规划纲要提出改变直接管理学校的单一方式，综合应用立法、拨款、规划、信息服务、政策指导和必要的行政措施，减少不必要的行政干预。学校要建立完善符合法律规定、体现自身特色的学校章程和制度，依法办学，从严治校，认真履行教育教学和管理职责。

可以看出，以《国家中长期教育改革和发展规划纲要（2010—2020年）》为代表，这一时期的政策承前启后地总结和提升了以往政策的经验，描绘出一幅普通高中教育管理体制的基本蓝图。首先是涉及中央和地方政府、政府与学校、政府与社会三种权力关系的分配，核心是政府向下、向外释放权力，这样一种权力的释放带来的是地方政府、学校、社会力量的主体地位的确立，实现了管理体系中的组织机构结构上的完整。其次是基本上设计了基础教育管理体制的制度框架与核心概念，为后续的制度体系指明了方向和路径，如现代学校制度、学校章程、教育标准制度、教育督导制度等。

（三）"制度规约、重在学校"的专项政策期：2011—2018年

2010年以后出台的政策基本上是对《国家中长期教育改革和发展规划纲要（2010—2020年）》及前期政策的具体落实。又由于该规划纲要赋予普通高中独立的政策地位和话语体系，这也带来了2011年以后出现了有关普通高中的专项政策。

2012年6月,教育部发布《依法治校——建设现代学校制度实施纲要(征求意见稿)》,规定各级教育行政部门要切实转变管理学校的方式、手段,从具体的行政管理转向依法监管,切实减少过多、过细的直接管理活动,主动为学校解决法律问题。学校要形成以章程为核心、自主管理的制度体系。可见,这一政策将重点落在学校内部管理上,地方政府要做的是为建设现代学校制度提供指导和服务。

2014年12月,《教育部关于加强和改进普通高中学生综合素质评价的意见》指出,将综合素质评价的组织与实施工作交由学校来做,应该说这是学校办学自主权的体现。2015年1月,教育部发布《普通高中校长专业标准》,通过标准来确保校长的专业性,保障校长担负起引领学校和师生发展的重任。2016年9月,《教育部关于进一步推进高中阶段学校考试招生制度改革的指导意见》要求学校严格规范自主招生办法和程序,将自主招生的各个环节和录取结果向社会公开,接受社会监督。

2017年1月,国务院发布《国家教育事业发展"十三五"规划》,明确建立教育行政权力清单和责任清单制度、全面公开制度,并努力为学校提供必要的专业性指导和服务。在学校方面,落实办学自主权,进一步落实和扩大中小学在教学工作、资源配置、人事管理等方面的自主权。同时,通过改进高中阶段学校考试招生方式,全面落实"一校一章程",完善校长负责制,深化学校管理人员职员制改革,完善教职工代表大会制度,发挥学生代表大会作用,加强中小学家长委员会制度建设等方式推进现代学校制度建设。同年,教育部等四部门印发《高中阶段教育普及攻坚计划(2017—2020年)》,要求建立合理的成本分担机制,健全生均拨款制度,完善学费动态调整机制,保障学校正常运转。深化普通高中课程改革,增强课程的选择性和适宜性。实行优质高中阶段学校招生名额合理分配到区域内初中的办法,适当向区域内农村学校倾斜。

2018年8月,《教育部关于做好普通高中新课程新教材实施工作的指导意见》指出,建立国家、省两级课程实施监测制度,健全课程建设和管理反馈改进机制。教育部制定课程实施监测方案,对各地课程方案执行情况、课程标准落实情况以及新教材使用情况进行监测。省级教育行政部门要制订实施意见,稳妥有序推进。市、县教育行政部门要切实做好推动落实工作。普通高中学校要落实主体责任,制订具体的实施方案,认真开展教师培训,注重与学生和家长的交流沟通,做好实施工作。这一政策较好地展示了普通高中教育管理体制中各主体的权限及相互支持与配合,在新课程新教材实施工作中,教育部、省级教育行政部门、普通高中学校分别是方案制定者、方案实施推动者、方案落实者,三者的任务层层推进,权限清晰。应该说,该政策是我国普通高中教育管理体制逐步健全、规范的一个表现。

总的来说,普通高中逐渐转变为由地方政府为主的教育管理体制,政府职能的不断转型与变革使学校获得了一定程度的办学自主权,办学形式从政府办学的单一化走向以地方政府办学为主、社会各界共同参与的多样化,经费筹措由政府过去大包大揽的单一模式开始转变为由政府、学校和学生以及社会力量共同承担的成本分担机制。[①]现代学校制度依靠校长负责制、校内治理管理的制度化等在逐步构建之中。

二、普通高中教育管理体制的政策焦点

可以看到,普通高中教育管理体制的相关政策在不断地厘清和划定中央与地方教育行政部门、政府与普通高中学校、政府与社会力量这三对主体之间的权力关系中,体现出普通高中教育管理体制的政策由笼统到具体、由简单到丰富的发展过程,主要回答了谁来管、管什么、怎么管这三个问题。

(一)谁来管:四类主体共同参与

通过梳理政策,我们能够发现普通高中教育管理体制改革的首要问题在于回答"谁来管",这也是第一个发展阶段的政策着力点。从1985年的"坚决实行简政放权,扩大学校的办学自主权。具体政策、制度、计划的制定和实施,以及对学校的领导、管理和检查,责任和权力都交给地方",到1993年明确提出"分级办学、分级管理",奠定了中央向地方放权的基本方向。1994年则进一步细化到基础教育管理体制,即"基础教育实行在国家宏观指导下主要由地方负责、分

[①] 祁占勇.欠发达地区普通高中教育管理体制的现实困境与体制选择[J].现代教育管理,2009(8):14—16.

级管理体制"。这里不仅仅是分权和放权,而且区分出了权重关系,即"主要"由地方负责管理基础教育事务。1999年则是"继续完善基础教育主要由地方负责、分级管理的体制"。也就是说,管理主体逐渐由中央政府这个单一政府主体转变为中央和地方两级政府主体,由政府主体转变为政府和学校两类主体。即中央向地方、政府向学校的放权,从而形成了中央政府、地方政府、学校三类管理主体。

与此同时,上述文件也在逐渐地、不同程度地提到办学体制改革的问题,即改变政府包揽办学、鼓励社会力量兴办高中阶段教育。这虽然是办学体制问题,但办学主体的变化,必然会带来管理主体的变化。其实,这也是政府放权的一个重要方向,即政府向社会放权,开放教育的举办权、管理权和一定的评价权。就普通高中教育管理体制中的"谁来管"问题而言,一共存在着四类主体,中央政府、地方政府、学校和社会,形成了上下有别、内外兼具的多元化主体。

(二)管什么:三级职权各司其职

1985年的《中共中央关于教育体制改革的决定》是一个具有划时代意义的政策,它搭建了普通高中教育管理体制的三级职权,并为每一个层级确立了"管什么"的职权范围。中央政府主管大政方针和宏观规划,起着拿主意和定方向的作用;地方政府对上要制定和实施具体政策、制度、计划,对下要领导、管理和检查学校;学校要建立校长负责制和教职工代表大会制度。这样一种职权分工基本上奠定了后续政策的框架。1993年的《中国教育改革和发展纲要》将中央政府的管理权具体化为设立标准,如设立基本学制、课程设置和课程标准、学校人员编制标准、教师资格和评估指标体系;省级政府负责确定本地区的学制、年度招生规模,确定教学计划,选用教材和审定省编教材,确定教师职务限额和工资水平等。此外,各级教育行政部门还承担着管理学校教育质量的责任,加强对中小学学校工作和教育质量的检查和指导。对学校提出的要求是实行校长负责制和依靠教职员工办好学校。1999年《中共中央 国务院关于深化教育改革,全面推进素质教育的决定》对学校教育质量管理作了更进一步的规定,提出对高中教育的办学水平评估等进一步发挥非政府的行业协会组织和社会中介机构的作用,这是将政府的部分管理权力交给社会力量的体现。对学校则是明确提出"巩固和完善中小学校长岗位培训和持证上岗制度",并鼓励优秀校长到薄弱学校任职。2001年的《国务院关于基础教育改革与发展的决定》作出了推进中小学人事制度改革、全面实施教师资格制度、推行教师聘任制的改革决定,地方政府承担教师的资格认定、招聘录用、职务评聘、培养培训和考核等管理职能,并对高级中学和完全中学校长进行提名、考察。学校层面则是积极推行校长职级制。《2003—2007年教育振兴行动计划》(以下简称《行动计划》)将中央政府的管理职能具体到政策制定、宏观调控和监督指导。地方教育行政部门要行使教育统筹权,并推动中等及以下学校的督导评估工作。学校层面除全面推行校长聘任制和负责制外,还从办学自主权和现代学校制度的高度对学校的内部管理进行设计,如管理原则、管理机制、管理机构、校务公开、人事制度、分配制度等均有所涉及。同政府教育职能转变相关,《行动计划》提出了建立"公共教育管理与服务体系",初现政府管理的服务意识与定位。这个定位在《国家中长期教育改革和发展规划纲要(2010—2020年)》中得到进一步确认。《国家中长期教育改革和发展规划纲要(2010—2020年)》明确提出要提高政府的公共教育服务水平。就管理权限,该规划纲要也做了更为系统和细致的区分。中央政府负责统一领导和管理国家教育事业,制定发展规划、方针政策和基本标准,优化学科专业、类型、层次结构和区域布局结构。整体部署教育改革试验,统筹区域协调发展。地方政府负责落实国家方针政策,开展教育改革试验。学校要建立完善的符合法律规定、体现自身特色的学校章程和制度,依法办学。2013年《中共中央关于全面深化改革若干重大问题的决定》把地方政府具体化为省级政府及其所具有的教育统筹权,学校方面则具体化到完善学校内部治理结构。《国家教育事业发展"十三五"规划》中将学校的办学自主权具体化为教学工作、资源配置和人事管理。

从1985年到2010年,经过25年的发展,中央政府在简政放权、转变职能的过程中,其教育管理的内容由简单逐渐发展到比较丰富,在《国家中长期教育改革和发展规划纲要(2010—2020年)》中得到系统的阐述,概括来说,中央政府管的是定调子、明方向。地方政府作为中央政府与学校的桥梁或者中介,主要起到上承下达、落实政策的作用,即地方政府管的是抓落实、重监管。而学校的管理则由最初的只注重校长的培养,逐渐发展为整体的办学自主权和系统的现代学校制度的设计,以及明确学校管的是自己的发展。以2018年《教育部关于做好普通高中新课程新教材实施工作的指导意见》对新课程实施的监测制度为例,文件对教育部、省级教育行政部门、市县级教育行政部门和普通高中学校分别要做什么有非常清晰的说明。

(三)怎么管:多样工具协同并用

2012年《依法治校——建设现代学校制度实施纲要(征求意见稿)》对到底怎么管做了基本回答,各级教育行政部门要"依法行政、严格按照法律规定的职责、权限与程序对学校进行管理",学校要"形成以章程为核心、自主管理的制度体系"。也就是说,无论是政府还是学校,都要依靠法律、法规、制度来进行管理,并采取清单制度和公开制度。即2017年《关于深化教育体制机制改革的意见》明确规定的健全教育宏观管理体制要"完善教育标准体系""建立健全教育评价制度""完善教育督导体制""完善教育立法和实施机制""建立和规范信息公开制度"。

具体来说,政府部门采取了如下措施:利用自上而下的教育督导制度对各级政府的教育进行评估与指导,如2012年9月国务院颁布了《教育督导条例》;培育专业的教育中介或服务机构参与教育质量管理与评价;建立和完善教育标准体系落实管理工作,如2018年11月颁布的《教育部关于完善教育标准化工作的指导意见》,其中提出了9个重点领域的标准框架;研制专门政策对普通高中的教育教学进行宏观指导,如2014年12月颁布的《教育部关于加强和改进普通高中学生综合素质评价的意见》,2015年1月颁布的《普通高中校长专业标准》,2016年9月颁布的《教育部关于进一步推进高中阶段学校考试招生制度改革的指导意见》,2017年1月颁布的《中小学校领导人员管理暂行办法》,2017年3月颁布的《高中阶段教育普及攻坚计划(2017—2020年)》,2018年8月颁布的《教育部关于做好普通高中新课程新教材实施工作的指导意见》。普通高中学校在内部管理相关政策的指导下,利用学校章程、校长负责制、教职工代表大会制度、学生代表大会制度、家长委员会制度、权力清单制度等的运行推进现代学校制度建设,规范有序地落实学校的办学自主权。

三、普通高中教育管理体制的政策缺陷

改革开放以来,经过四十多年的发展与完善,我国普通高中教育管理体制的框架逐渐清晰与合理,四类主体、三级职权、多样工具的健全客观上提高了普通高中教育管理的现代化水平,有利于高层次创新人才的培养,但也存在着如下缺陷。

(一)普通高中教育管理的政策重要性不突出

我国普通高中教育管理体制的相关政策有两种呈现方式。一是就基本方向、基本精神而言,是在基础教育管理体制的大框架中来呈现的,也就是我们比较熟悉的"地方负责、分级管理"。但在具体的文件阐述中,它并没有如义务教育、高等教育、学前教育乃至职业教育那样,用专门的标题或段落来加以阐述。因此普通高中教育管理体制只能参考基础教育管理体制来落实。但是基础教育还包括学前教育和义务教育,而且义务教育因其体量大、更基础、更热点的特点基本上主导着基础教育政策的话语基调,而义务教育和普通高中教育阶段的学生在身心发展的阶段和发展的诉求上是根本不同的。所以,以具有义务教育色彩的基础教育管理体制来完全覆盖普通高中教育管理体制,使得政策对象不精确。二是就具体策略和方式方法而言,已有的一般性政策,如《中共中央关于教育体制改革的决定》《国家中长期教育改革和发展规划纲要(2010—2020年)》等文本中确实有关于普通高中多样化发展定位、改进高中阶段学校考试招生方式等陈述,之后也有了普通高中的专门政策,如《教育部关于加强和改进普通高中学生综合素质评价的意见》《普通高中校长专业标准》等,但正如文件名所示,这些政策大都是关于普通高中教育管理某一方面的政策,在文中也是就具体问题如"学生综合素质评价"作具体的管理职权上的规定。

在高等教育大众化的背景下,普通高中教育是高素质、高层次人才培养的基础,在家庭建设、地区发展和国际竞争中具有越来越重要的地位。同普通高中在教育实践上的现实情况与其未来的重要性相比,现有的普通高中教育管理体制的政策是不匹配的,急需对普通高中教育管理体制进行顶层设计和整体规划。

(二)普通高中教育管理的责任主体不明

就普通高中教育管理的主体责任而言,当前的政策体系确实是确立了三级管理职权,但我们也能清楚地看到就整体的普通高中教育而言,谁来管、谁负主要责任的规定依然是不太明了的。所谓"地方负责、分级管理"并没有说明由哪一级地方政府来负责普通高中教育管理。相比较来说,学前教育管理体制既有顶层设计又有具体规定。2003年3月,国务院办公厅转发教育部等十部委联合发布的《关于幼儿教育改革与发展的指导意见》,指出"坚持实行地方负责,分级管理和有关部门分工负责的幼儿教育管理体制",提出了从中央、省、地、县、乡到村委会的具体职责和任务,建立了我国学前教育自上而下的完整的管理体系。并明确了由县负责举办公办园、乡村负责举办乡镇中心园、村要发展多种形式的早期教育(包括幼儿班、非正规的教育形式),形成了三级办学,二级管理(县、乡级政府二级)的管理体制。高等教育管理则形成了"两级管理,以省级政府统筹为主"和提高大学自主权并进的新体制,义务教育管理则形成了"地方负责、分级管理、以县为主"以及2013年后"省级政府统筹城乡义务教育资源均衡配置"的管理体制。

(三)普通高中教育管理的中间层创新有限

在前述各个文件中,涉及地方政府对普通高中教育的管理时,高频率词语是"落实""推行",如"负责落实国家方针政策""省级教育行政部门要制订实施意见,建立相应的工作机制,周密部署,精心组织,有效衔接各项改革任务,稳妥有序推进""市县教育行政部门要切实做好推动落实工作"。这跟我国威权体制也称行政授权制管理体制有关。"威权体制中的中央政府对下级政府具有天然的权威性……可以不断向下级政府分配权力和任务,并通过审计、监察、督导、干部任免等方式督促下级政府贯彻落实。下级政府基于自身利益的考量和政绩考核的需要,不断地迎合上级政府的命令,完成上级政府的任务。"[1]在这种体制下,地方政府的第一要务是完成上级政府分配下来的任务,这是底线要求,也是考核的主要依据,至于上级政府没有分配的、未纳入上级政府考核范围的

---

[1] 邵泽斌.我国义务教育管理体制的理论逻辑与政策思考[J].教育研究与实验,2013(3):7—12.

创新举措等虽有超出上级政府期望的可能,但也存在着很大的风险,而地方政府基本上是不愿意承担这个风险的。而且,在政策文本对地方政府管理权的规定中也只是以落实和推行为主,没有关于鼓励地方创新及相应的奖励和容错机制。这也在一定程度上导致地方政府不能也不愿进行创新。

(四)普通高中教育管理的社会开放进展缓慢

对于民办教育而言,已有的政策文件延续了鼓励社会力量兴办高中教育的政策要求,但谁来管、管什么、怎么管这些问题却没有在政策文件中得到很好的阐述,从而产生了诸如民办普通高中在招生政策中的劣势等问题,使其位于第四批次的招生序列,"名校办民校"挤占民办普通高中的生存空间,教育行政部门尚未真正给予民办高中和公办高中同等的地位[①],民办普通高中的评估问题、学生资助问题、财政支持问题等未解决。所以,民办普通高中在当前的普通高中管理体制中处于被忽略的地位,这在一定程度上导致了衡水中学、毛坦厂中学等超级中学的产生,也限制了民办普通高中的健康发展。《民办教育促进法》修订及其相关配套政策的出台,解决了分类管理、管理主体的大问题,但具体如何管理还需要更进一步细化政策。与此同时,需要由"非政府部门"培育、起到质量管理功能的社会中介机构、教育服务机构目前尚停留在政策理念层面,尚没有具体的政策规定来对政府领导下的教育服务机构、社会力量兴办的教育服务机构做出顶层设计和系统建构。所以,从管理对象来说,民办普通高中处于比盲区好一点的政策弱视区,从管理角色来说,社会力量举办的教育服务机构更是才刚刚起步。

(五)普通高中教育管理重公平轻质量

当前我国普通高中教育尚处于由精英化阶段向大众化阶段的过渡时期,2017年普通高中在校生数占高中阶段教育在校生总数的59.8%。这意味着还有很大一部分适龄青少年不能够进入普通高中,这同人民群众日益提高的对高中教育的需求是不匹配的。因此,很长一段时间以来,我国普通高中教育管理

---

① 蒋洁蕾,夏正江.我国重点高中制度变革的路径选择[J].基础教育,2017(2):59—69.

政策的价值取向是扩大普通高中体量,以数量促进公平,如"鼓励优质校长到薄弱学校任教""实行优质高中阶段学校招生名额合理分配到区域内初中的办法,招生名额适当向区域内农村学校倾斜",从而使更多的学生能够进入普通高中。但是,追求和保证教育领域的公平和公共利益只是教育管理的价值取向之一,对普通高中而言,教育质量同样很重要。然而,对于教育质量的关注在前述政策的文本中以及字里行间却很少被涉及。与此相应的是,教育部教育督导局的督导评估项目只涉及学前教育、中小学教育、职业教育和高等教育四个领域,而中小学教育督导评估的内容多是指向义务教育阶段。在"教育质量监测"栏目下,也仅有"义务教育质量监测报告"。再以地方的重庆市教育评估院为例,其质量监测的学段和领域更为丰富,有学前教育、义务教育、中职教育和家庭教育,依然不见"高中教育"的踪影。浙江省教育评估院虽然涉及了普通高中,但仅是针对教育质量中的一个点——特色发展,即"浙江省普通高中特色示范学校评估"。义务教育质量监测以体现"全面发展"为基本原则,而普通高中教育质量的监测没有相关标准,也就意味着对普通高中教育质量只能依靠升学率来获得片面的认识,这会在客观上导致普通高中教育的同质化发展,影响学生的全面发展,阻碍普通高中全面质量观的落实。

四、普通高中教育管理体制的改进建议

古德莱得说:面对复杂的问题,人们往往会列出不连贯的、过分简单化的解决方法的细目清单。其建议并不是要开处方单。要说明改革的发展方向和指导原则,并且它们之间是互相联系的。[1]回到普通高中教育管理体制的概念界定,其核心问题是组织机构和管理规范或制度问题,可以转化为谁来管、管什么和怎么管这三个更为通俗而有逻辑关系的表述。然而,正如《大学》所讲:身有所忿懥,则不得其正;有所恐惧,则不得其正;有所好乐,则不得其正;有所忧患,则不得其正。宗旨、信念、立场除了能助力其持有者排除干扰,还能发挥一以贯之的定位作用。比较而言,西方领导理论将更多的精力聚集在如何调动被领导

---

[1] [美]约翰·I.古德莱得.一个称作学校的地方[M].苏智欣,胡玲,陈建华,译.上海:华东师范大学出版社,2006.339.

者的工作积极性上,将更多的研究投放在研制开发能够体现领导权威的制度规章和方法技术上,致使现代西方领导理论陷入琐事迷恋和概念精致的泥潭而难以自拔。[1]所以,对于普通高中教育管理体制的政策设计而言,既要有方法、有工具,也要有主义、有方向和立场,把"哪儿痛治哪儿"的陋习转变为"拔除病根"的政策设计理念。那么,关于普通高中教育管理体制的政策设计,可以从价值基础、管理主体及其内容、管理手段三个方面六个维度进行尝试。

(一)坚持育人为本:铸牢高中教育管理根基

普通高中教育管理的根本目的在于促进普通高中教育任务的有效实现,为普通高中"培养什么样的人"提供有力支持。崔允漷等认为普通高中的任务除了"升学"和"就业"双重任务外,还应包括培养素质、辐射文化、服务社区、开展交流、发展自身等任务,牢牢把握育人职责并以其为基本任务。[2]石中英认为新形势下普通高中教育任务依照其优先性秩序排列如下:为成人做准备(人格教育)、为未来公民做准备(公民教育)、为终身发展做准备、为升学做准备、为就业做准备。[3]因此,普通高中教育管理体制的设计应坚持育人为本,按照普通高中教育的基本原理,结合新时代社会发展对普通高中生的要求,研制普通高中毕业生质量标准,并开展普通高中教育质量监测活动。

(二)保证科学决策:优化普通高中教育管理决策机制

普通高中教育是基础教育的最高阶段,也是距离学生进入大学或社会最近的一个阶段,其教育管理决策的失败成本是最高的,且几乎没有补救的余地,必须确保决策的科学化,预防、减少和杜绝教育决策过程中的想当然和随性化。因此,要从普通高中教育管理中的问题出发,开展较为全面的调查,了解真实情况和真实诉求,并发现地方智慧。在此基础上,充分听取研究部门、专家、教育咨询委员会、社会公众的意见和建议,严格遵循决策程序,不能"一言堂"和"瞎指挥",避免像2018年浙江省高考英语赋权加分的重大错误决策事件的发生。

---

[1] 张新平.《大学》:领导学的中国千年纲领[J].现代大学教育,2019(1):53—55.
[2] 崔允漷,周海涛.试论普通高中的独立价值:性质、任务和培养目标[J].全球教育展望,2002(3):7—11.
[3] 石中英.关于当前我国普通高中教育任务的再认识[J].清华大学教育研究,2015(1):6—12.

(三)避免不良干扰:净化普通高中教育管理体制环境

对普通高中教育而言,政府部门简政放权,要在教育体制内部做文章,更需在教育体制外做文章。首先,政府部门需要对学校"减政",不要逼着学校丧失其主业。课题组在调研某高中时,其教学副校长告知:学校每个月收到上级部门的所有文件中,有80%是跟教育教学无关的,诸如安全、廉政、扫黄打非、禁毒等。其次,从政府层面协调各行政部门权力关系,把原本属于教育行政部门的权力归还他们。当前教育行政部门的自主权越来越少,由于职能定位不明确,教育行政部门的许多权力与人力资源部门、财政部门、发改委等职能交叉重叠,导致教育权力分割、教育资源浪费。因此,必须从政府层面认真梳理,切实向教育行政部门放权。[①]

(四)明确管理主体:理顺普通高中教育管理责任主体

就全国大多数地方的情况而言,地市不仅负责高中学校的设置与审批,还负责管理高中学校的考试招生、办学评价,以及对县处级校长的考核任命等,对普通高中的影响力远远超过省和县。而且高考指标到省,地市才是高考竞争的最上位的单位。以地市为主管理普通高中教育,事实上已经是全国大多数地方的普遍做法。因此,明确普通高中教育省级统筹,以地市为主的管理体制,也有利于完善形成高等教育以省为主、普通高中教育以地市为主、义务教育以县为主,各有侧重、职责清晰的教育管理新格局。[②]

(五)健全政策工具:优化普通高中教育管理手段

政策工具研究的核心是"如何将政策意图转变为管理行为,将政策理想转变为政策现实"[③],政策工具是公共政策赖以实施和运行的一系列行之有效的手段。普通高中教育管理体制的目标规划得再好,没有合适的政策工具也只能纸上谈兵,也只是海市蜃楼。因此,普通高中教育管理可从实体与虚体两个维度来健全政策工具。实体方面,切实组建不依附于政府的、服务于教育行政部门

---

① 俞水.推进教育治理体系和治理能力现代化[N].中国教育报,2013-12-05(3).
② 张国华.普通高中改革制胜的关键是理顺体制[N].中国教育报,2017-06-20(5).
③ 陈振明,薛澜.中国公共管理理论研究的重点领域和主题[J].中国社会科学,2007(3).

的专业教育咨询机构、教育评估机构、教育中介机构,并在其中成立专门的普通高中教育研究部门。以教育评估机构为例,其理想状态是既有政府教育督导部门和作为事业单位的教育评估机构,又有作为社会组织的教育评估机构。[①]虚体方面,一方面,出台"普通高中教育法""关于高中教育改革与发展的指导意见""普通高中学校办学条例"等专门政策;另一方面,进一步完善相关教育标准,通过标准实施管理。

(六)强化新技术使用:提升普通高中教育管理技术

数字化时代为教育管理提供了更为准确、更加全面的数据。在教育管理信息化的大背景下,各级各类普通高中教育的管理主体要根据立德树人的根本任务做好基础数据的认定、分类、记录、收集和分析工作,建立统一的大数据平台,并坚持信息共享原则,由凭借经验的粗放管理向依靠数据分析的科学治理转变。

教育管理体制中以管理机构和管理制度这两个核心要素为基本框架,促进普通高中教育管理机构日渐健全和完善,促进管理制度从简单理念发展到复杂丰富的"办法""意见""纲要"等制度体系。以发展的眼光看,普通高中教育管理体制始终在不断发展、丰富,从一个概念变为多个概念组成的命题,从一句话变为一个大的政策,从一个理论性的建议变成一系列的客观实体机构。面向未来,普通高中教育管理体制要在育人为本的根本原则下,继续不断丰富,变得更加具体、科学。

[①] 刘文杰.教育管办评分离要做好角色定位[N].人民政协报,2016-01-20(10).

第四章
普通高中办学标准
如何更好促进发展

随着教育综合改革的深入推进,教育治理体系的完善、治理能力现代化的提升和学校办学标准问题日益成为教育改革发展的重要主题。本章对普通高中办学标准的政策依据、改革状况、框架内容及政策建议进行梳理与分析,以便更好地促进普通高中办学改革的深化发展。

一、普通高中办学标准的政策依据

办学标准是学校办学治校必须具备的最低条件和资格要求。普通高中办学标准的研制、提出与实施是在一定政策规范下不断推进的,早在20世纪80年代,国家相关部门就制定了学校办学的相关标准,例如:1986年国家计划委员会颁布的《中小学校建筑设计规范》对中小学建筑设计标准进行了规定;1987年卫生部颁布的《学校课桌椅卫生标准》和《中小学校教室采光和照明卫生标准》对学校课桌椅及教室采光照明卫生标准进行了规定。进入20世纪90年代以后,更全面、具体的学校办学标准颁布实施,例如:1996年原国家教委编制的《农村普通中小学校建设标准(试行)》,对学校建设规模与项目构成、学校布局、选址与校园规划、校舍建筑面积指标、校园规划建设用地指标、学校建筑标准等作了明确规定。进入21世纪后,学校办学标准问题日益受到重视,2002年教育部等颁布《城市普通中小学校校舍建设标准》,2008年教育部编制《农村普通中小学校建设标准》。2010年《国家中长期教育改革和发展规划纲要(2010—2020年)》也针对办学标准问题指出,"中央政府统一领导和管理国家教育事业,制定发展规划、方针政策和基本标准,优化学科专业、类型、层次结构和区域布局",

"促进普通高中和中等职业学校合理分布,加快普及高中阶段教育,重点扶持困难地区高中阶段教育发展","根据国家标准,结合本地实际,合理确定各级各类学校办学条件、教师编制等实施标准"。可见,普通高中办学标准有充分的政策依据,尤其是在21世纪以后,随着国家教育管理转型及教育治理体系现代化的推进,学校办学标准颁布实施已成为教育改革深化发展的重要内容。科学合理的办学标准是推动普通高中教育健康、有序、优质发展的重要保障。

二、普通高中办学标准的地方改革状况

在相关教育政策的影响下,近年来我国很多省市都在有序开展普通高中办学标准的研制与实施,而且形式多样。例如,有的直接以办学标准或办学条件标准为主要内容,像广东、北京、山东、内蒙古、辽宁、江西、山西等地区分别颁布实施《广东省普通高中办学基本标准(试行)》《北京市中小学校办学条件标准》《山东省普通高级中学基本办学条件标准(试行)》《内蒙古自治区中小学校办学条件标准(试行)》《辽宁省普通高中办学标准》《江西省普通高级中学基本办学条件标准(试行)》以及《山西省普通高级中学办学基本标准(试行)》等;有的以示范性高中评估标准及办学行为为主要内容,像浙江、陕西、四川、甘肃、安徽、湖南等省分别颁布实施《浙江省普通高中特色示范学校建设标准(试行)》《陕西省普通高中示范学校评估标准及实施细则(试行)》《四川省示范性普通高中评估细则》《甘肃省示范性普通高中评估验收标准(试行)》《安徽省示范性普通高级中学评估验收实施方案及评估细则》及《湖南省示范性普通高级中学建设基本条件(试行)》等。由于示范性普通高中是普通高中学校中的佼佼者,是一个地区优质普通高中的代表,因此,本研究对于示范性普通高中的建设标准不进行研讨,主要探讨普通高中的基本办学条件标准,体现普通高中办学的底线标准和基本要求。

三、普通高中办学标准的框架内容

本部分选取东部、中部、西部地区的山东省、江西省、内蒙古自治区为代表，对我国普通高中办学条件标准框架内容进行探讨。《山东省普通高级中学基本办学条件标准（试行）》（以下简称《鲁标》）于2008年5月颁布实施，基本框架主要包括总则、学校设置与规划、学校建设用地标准、学校校舍建设标准、装备条件标准、师资配备标准及公用经费标准七个部分。《江西省普通高级中学基本办学条件标准（试行）》（以下简称《赣标》）于2011年8月颁布实施，基本框架主要包括总则、学校设置与规划、学校建设用地标准、学校校舍建设标准、学校装备条件标准、师资配备标准及公用经费标准七个部分。《内蒙古自治区中小学校办学条件标准（试行）》（以下简称《蒙标》）于2008年8月颁布实施，基本框架主要包括总则，学校设置规模、用地与建筑设施，教学、办公及生活设备，教师和工作人员，学校教育辅助中心设置五个部分。三者的框架结构具体情况如表4-1。

表4-1　山东、江西及内蒙古三省（区）普通高中办学标准的框架结构

《鲁标》		《赣标》		《蒙标》	
一级指标	二级指标	一级指标	二级指标	一级指标	二级指标
总则	1.标准制定的目的、性质 2.标准制定的主体 3.标准实施的原则及主体	总则	1.标准制定的目的、性质 2.标准制定的主体 3.标准实施的原则及主体	总则	1.标准制定的目的、性质 2.标准制定的主体 3.标准实施的原则及主体
学校设置与规划	1.学校设置 2.学校规模 3.校园规划设计	学校设置与规划	1.学校设置 2.学校规划 3.校园规划设计	学校设置规模、用地与建筑设施	1.学校设置 2.学校规模 3.校地面积与规划 4.校舍建筑及附属设施

续表

《鲁标》		《赣标》		《蒙标》	
一级指标	二级指标	一级指标	二级指标	一级指标	二级指标
学校建设用地标准	1.学校建设用地组成 2.学校建设用地面积	学校建设用地标准	1.学校建设用地组成 2.学校建设用地面积	教学、办公及生活设备	1.常规通用教学设备 2.分科学习领域专用教学设备 3.现代教育技术及校园信息化设备 4.图书馆设备 5.办公及生活设备
学校校舍建设标准	1.校舍建筑组成 2.校舍建筑面积 3.校舍用房面积 4.校舍建筑标准	学校校舍建设标准	1.校舍建筑组成 2.校舍建筑面积 3.校舍用房面积 4.校舍建筑标准 5.校舍安全标准	教师和工作人员	1.教师和工作人员的配备 2.教师和工作人员的资质 3.中小学校长配备
装备条件标准	1.常规通用教学设备 2.学科教学专用设备 3.现代教育技术设备 4.图书馆设备 5.办公及生活设备	学校装备条件标准	1.通用教学设备 2.学科专用教学设备 3.现代教育技术设备 4.图书馆藏书及设备配备 5.办公及生活设备	学校教育辅助中心设置	1.选址和选项 2.建筑设施和设备 3.人员配备
师资配备标准	1.专任教师的配备 2.专任教师的资质	师资配备标准	1.专任教师的配备 2.专任教师的资质	—	—
公用经费标准	无具体二级指标	公用经费标准	无具体二级指标	—	—

(一)学校规模和班额人数

学校规模和班额人数是普通高中办学标准中的重要指标。为了保证学校教育质量、管理效率和办学效益,一所学校的规模和班额应控制在一定范围以内。在《鲁标》《赣标》及《蒙标》中都有学校规模及班额人数的规定。《鲁标》《赣标》都规定：学校适宜办学规模为24至48个班，班额不超过50人；原则上不再设立24个班以下的高级中学和规模过大的学校。《蒙标》规定：学校适宜办学规模为24至36个班，班额不超过50人。可见，三地在学校规模及班额方面既有共性，也存在差异，总体上看，内蒙古的学校规模小于山东和江西两地。（见表4-2）

表4-2　学校适宜规模

标准	学校类型	适宜规模	班额
《鲁标》	独立设置的高中	每年级8~16个班，合计24~48个班	≤50人
《赣标》	独立设置的高中	每年级8~16个班，合计24~48个班	≤50人
《蒙标》	独立设置的高中	每年级8~12个班，合计24~36个班	≤50人

（二）学校用地及建筑面积

1.学校用地面积

学校用地面积是学校空间大小及能容纳学生数量的重要指标。《鲁标》《赣标》和《蒙标》对此都有规定。《鲁标》规定24个班级的学校用地面积为30689平方米，生均用地面积为25.57平方米，36个班级的学校用地面积为47126平方米，生均用地面积为26.18平方米（见表4-3）；《赣标》规定30个班级以下的学校用地生均面积为30平方米，30~42个班级的学校用地生均面积为29平方米，大于42个班级的学校用地生均面积为25平方米（见表4-4）；《蒙标》规定中心城以外地区，24个班级的学校用地面积大于等于26500平方米，生均用地面积大于等于22.08平方米，36个班级的学校用地面积大于等于41000平方米，生均用地面积大于等于22.78平方米（见表4-5）。总体而言，江西的学校用地面积及生均用地面积大于山东和内蒙古的学校用地面积和生均用地面积。

表4-3 《鲁标》普通高级中学建设用地面积标准

单位：平方米

学校规模	24个班	30个班	36个班	48个班	60个班
建筑用地	12733	16194	19331	24461	29656
体育用地	13156	13442	20595	22097	23599
绿化用地	4800	6000	7200	9600	12000
用地合计	30689	35636	47126	56158	65255
生均占地	25.57	23.76	26.18	23.40	21.75

说明：1.本表校园占地面积不含校园四周代征土地面积。2.本表校园占地面积不含选配功能室及寄宿生食堂、餐厅、宿舍，自行车存放地等建筑占地面积。

表4-4 《赣标》普通高级中学建设用地面积标准

类别名称	建设规模（按学校班级数）	人均建筑用地		人均体育用地		人均绿化用地		人均校园用地总面积	
		平方米/人	亩/百人	平方米/人	亩/百人	平方米/人	亩/百人	平方米/人	亩/百人
普通高中	≥42	10.71	1.61	9.29	1.39	5.00	0.75	25	3.75
	30~42	11.34	1.70	12.58	1.89	5.08	0.76	29	4.35
	<30	12.62	1.89	11.32	1.70	6.06	0.91	30	4.50
寄宿制高中	≥42	18.91	2.84	9.17	1.38	5.93	0.89	34	5.10
	30~42	19.60	2.94	12.39	1.86	7.01	1.05	39	5.85
	<30	20.86	3.13	11.17	1.68	6.97	1.05	39	5.85

表4-5 《蒙标》独立设置的高中校地面积

单位：平方米

学校规模	中心城学校面积(≥)		中心城以外地区学校面积(≥)	
	总面积	生均占地	总面积	生均占地
24个班	22000	18.33	26500	22.08
30个班	31700	21.13	36600	24.40
36个班	34600	19.22	41000	22.78

说明：以每个班50人计算。

2.校舍建筑面积

校舍建筑面积是办学标准中重要的办学硬件指标之一。在《鲁标》《赣标》和《蒙标》中都有规定。《鲁标》规定24个班级的学校校舍建筑面积为11460平方米，生均9.55平方米，36个班级的学校校舍建筑面积为17398平方米，生均9.67平方米（见表4-6）；《赣标》规定24个班级的学校校舍建筑面积为18395平方米，生均15.33平方米，36个班级的学校校舍建筑面积为25982平方米，生均14.43平方米（见表4-7）；《蒙标》规定24个班级的学校校舍建筑面积为8280平方米，生均6.9平方米，36个班级的学校校舍建筑面积为11520平方米，生均6.4平方米（见表4-8）。结果表明，江西的学校校舍建筑面积和生均建筑面积均高于山东和内蒙古两地的学校校舍建筑面积和生均建筑面积。

表4-6　《鲁标》普通高级中学校舍建筑面积标准

单位：平方米

项目＼规模	24个班	30个班	36个班	48个班	60个班
教学及辅助用房	5455	7115	8564	10827	13157
办公用房	856	970	1104	1372	1616
生活服务用房	565	660	771	1010	1241
校舍总使用面积	6876	8745	10439	13209	16014
生均使用面积	5.73	5.83	5.80	5.50	5.34
校舍总建筑面积	11460	14575	17398	22015	26690
生均建筑面积	9.55	9.72	9.67	9.17	8.90

说明：1.本指标不含选配用房、自行车存放及寄宿生的食堂餐厅、学生宿舍、锅炉房、浴室等建筑面积。2.平面利用系数$K=0.6$。

表4-7 《赣标》普通高级中学生均建筑面积标准

单位:平方米

房间名称	平面利用系数	18个班(900人)		24个班(1200人)		30个班(1500人)		36个班(1800人)	
		使用面积	建筑面积	使用面积	建筑面积	使用面积	建筑面积	使用面积	建筑面积
面积合计	0.6	8910	14850	11037	18395	13163	21938	15589	25982
生均标准		9.90	16.50	9.20	15.33	8.78	14.63	8.66	14.43
		42个班(2100人)		54个班(2700人)		66个班(3300人)			
面积合计	0.6	18608	31013	24006	40010	29173	48622		
生均标准		8.86	14.77	8.89	14.82	8.84	14.73		

表4-8 《蒙标》普通高级中学校舍建筑面积标准

项目	规模	24个班	30个班	36个班
专用教室	教室数(个)	23	27	30
	总面积(平方米)	2760	3240	3600
普通教室总数(个)		班级数		
普通教室总面积(平方米)		班级数×96		
多功能教室面积(平方米)		普通教室总面积×0.12		
校舍总面积(平方米)		8280	9900	11520

(三)教育装备

1.教学设备

(1)常规通用教学设备

常规通用教学设备是指学生通用设备、常规教学设备和环境通用设备,其配置应安全、规范、耐用,既符合国家有关规范,又能满足教育教学活动的一般性常规需要。比如,《鲁标》《赣标》《蒙标》都规定:黑板、板书工具、多媒体电教设备、计算机等教师使用的常规教学设备的配置要适应各科教学的实际需要和进行创新性教育教学活动的要求。温度调节、湿度调节、照明、通风换气、防火、隔音等教学、办公、生活环境与安全设备的配置要能为学生和教师提供安全、舒适、健康的教育条件和环境。其中,《赣标》进一步明确:普通教室人均使用面积不低于1.12平方米;教室前排课桌前缘与黑板应有2米以上距离;教室内各列课桌间应有不小于0.6米宽的纵向走道,教室后应设置不小于0.6米的横行走道。后排课桌后缘距黑板不超过9米。课桌面和黑板照度应分别不低于150lx和200lx,照度分布均匀;教室照明应配备40瓦荧光灯9盏以上,并符合节能环保要求;灯管宜垂直于黑板布置;教室照明应采用配有灯罩的灯具,不宜用裸灯,灯具距桌面的悬挂高度为1.7~1.9米。可见,《赣标》这些规定更具体明确,操作性更强。

(2)学科专用教学设备

学校必须按照教育行政部门颁布的教学大纲、课程设置方案和课程标准的要求,以基本、先进、安全、适用、科学和方便师生教学应用为原则,适当考虑学科间的综合性与交叉性合理配置各学科专用教学设备。三省(区)的标准中都有对不同学科教学设备配备的具体量化指标。比如,《鲁标》和《赣标》都有对普通高中文科教学专用设备配备标准的规定,就整体而言,三省(区)在学科专用教学设备配备的标准上具有相似性,只是个别地方有数量上的差异。(见表4-9、表4-10)

表4-9 山东省普通高中文科教学专用设备配备标准

序号	名称	规格型号功能	单位	配备数量(按学校班级数)					备注
				24	30	36	48	60	
一、高中语文教学设备配置标准										
1	高中语文多媒体教学软件		套	1	1	1	1	1	
2	高中语文教学视听资料		套	1	1	1	1	1	
二、高中英语教学设备配置标准										
1	高中英语多媒体教学软件		套	1	1	1	1	1	
2	高中英语教学视听资料		套	1	1	1	1	1	

续表

序号	名称	规格型号功能	单位	配备数量（按学校班级数）					备注
				24	30	36	48	60	
三、高中历史教学设备配置标准									
1	中国历史（古代、近现代）教学挂图		套	2	3	3	4	5	
2	世界历史（古代、近现代）教学挂图		套	2	3	3	4	5	
3	中国历史（古代、近现代）多媒体教学软件		套	1	1	1	1	1	
4	中国历史教学视听资料		套	1	1	1	1	1	
四、高中思想政治教学设备配置标准									
1	高中思想政治教学挂图		套	2	2	3	4	5	
2	高中思想政治多媒体教学软件		套	1	1	1	1	1	
3	高中思想政治教学视听资料		套	1	1	1	1	1	

表4-10　江西省普通高中文科教学专用设备配备标准

序号	名　称	规格要求型号	单位	配备数量（按学校班级数）					备注
				≤12	13~24	25~36	37~48	49~60	≥61
一、语文										
1	高中语文多媒体教学软件		套	1	1	2	2	3	3	
2	高中语文教学视听资料		套	(1)	1	2	2	3	3	
二、英语										
1	高中英语教学挂图		个	(1)	1	2	2	3	3	
2	高中英语多媒体教学软件		个	(1)	1	2	2	3	3	
3	高中英语教学录音带教学视听资料		套	(1)	1	2	2	3	3	
三、历史										
1	中国历史（古代、近现代）教学挂图		套	(1)	1	2	2	3	3	

续表

序号	名称	规格要求型号	单位	配备数量（按学校班级数）					备注
				≤12	13~24	25~36	37~48	49~60	≥61	
2	世界历史（古代、近现代）教学挂图		套	(1)	1	2	2	3	3	
3	中国历史（古代、近现代）多媒体教学软件		套	(1)	1	2	2	3	3	
4	世界历史（古代、近现代）多媒体教学软件		套	(1)	1	2	2	3	3	
5	中国历史教学资料（古代、近现代）教学视听资料		套	(1)	1	2	2	3	3	
6	世界历史教学资料（古代、近现代）教学视听资料		套	(1)	1	2	2	3	3	
四、思想政治									
1	高中思想政治教学挂图		套	(1)	1	2	2	3	3	
2	高中思想政治多媒体教学软件		套	(1)	1	2	2	3	3	
3	高中思想政治教学视听资料		套	(1)	1	2	2	3	3	

2.现代教育技术装备

现代教育技术装备是教育现代化发展的重要体现，也是办学质量提升的重要硬件条件。各类中小学校应当根据现代化教育教学技术发展的实际，配置以网络技术为代表的现代信息技术设施设备和其他的现代教育技术装备，以满足学生多种网络学习活动，教师多媒体教学、网络备课和研究活动，以及学校现代化网络办公的需要。三省（区）在标准中对此都有规定。《鲁标》指出：学校现代教育技术设备应当包括能满足各类教学需要的电化教学设备、计算机与校园网络和校园广播电视系统等。多媒体网络计算机室应按最大班额每人一台计算机配备，并另配教师用机（服务器）、小型交换机各一台；教师用计算机按专任教师每人一台配备。为保证现代教育技术设备的有效利用，学生用网络终端除计算机教室集中设置外,每个普通教室和各学科专用教室都应当设置网络接口。教师办公室应当配有足够的网络终端。有条件的学校可配备校园随身听系统。《赣标》规定:高中建有计算机网络教室、多功能教室、卫星接收系统工作室、建立校园网络,终端接口连到每间教室,实现"班班通"(利用多媒体设备及网络使每个班级能共享教育教学资源),计算机配置生机比达到10∶1;1000人以上的学校还须建立电子备课系统、办公自动化系统、校园闭路电视和广播系统。《蒙标》也指出:农村牧区高中应配置卫星收视系统1套,计算机教室和多媒体教室各2套(40台/套),班班通电视,并配光盘播放系统(设备);城市城镇高中应配置完整的校园网、2~4套计算机教室(40台/套)和多媒体教室、校园管理系统,班班通电视,并配光盘播放系统(设备)。可见,三省(区)办学标准中关于现代教育技术装备的规定表达方式不同,在数据上也存在着相应的差异,其中江西对现代教育技术设备配置设定了详细具体的量化指标,具有很强的操作性,值得借鉴。

3.图书资料设施

图书资料是影响学校办学质量的重要因素之一,也是学校办学的主要硬件指标。三省(区)办学标准中都有对图书资料设施的规定。其中,《鲁标》和《赣标》对图书数量有具体量化的规定,且山东的学校生均藏书量、工具书、教学参考书种类及报纸杂志种类明显高于江西。(见表4-11、表4-12)

表4-11 《鲁标》普通高级中学图书室(馆)藏书标准

项目 \ 标准	数量	备注
生均藏书(册)	≥50	经济欠发达地区农村高中不低于35册
工具书、教学参考书(种)	250	经济欠发达地区农村高中不低于200种
报刊(纸)杂志(种)	120	经济欠发达地区农村高中不低于100种
音像资料、电子图书	适当配备	

说明:藏书中每种书籍复本不超过5册。

表4-12 《赣标》普通高级中学图书室(馆)藏书配备标准

项目\标准	数量	备注
生均藏书(册)	≥35	一级图书馆不低于50册
工具书、教学参考书(种)	200	一级图书馆不低于250种
报刊(纸)杂志(种)	100	一级图书馆不低于120种
电子读物、数字图书	适量配备	

说明:藏书中每种书籍复本不超过5册。

(四)师资队伍

师资队伍是提高学校办学质量的关键力量,是学校办学条件中的"软件"。三省(区)的办学标准中都有师资队伍建设的规定。如《鲁标》规定:按国家和省编制标准、教师资格制度和职业(执业)资格制度规定,为学校配备合格专任教师、实验人员和管理及工勤人员,新补充的高中教师应具备本科及以上学历,其中具有硕士以上学位的应占一定比例,且专任教师学科、年龄、职称、性别等结构合理,切实满足教育教学活动、教学管理工作的需要。教师要按规定参加国家和省规定的各种职后培训,逐步提高教师学历层次和业务能力。《赣标》规定:按国家和省编制标准、教师资格制度和职业(执业)资格制度规定,为学校配备合格专任教师、实验人员、现代教育技术人员和管理及工勤人员。高中教师应全部具备本科学历,其中具有硕士以上学位或参加过研究生课程班的应占30%以上比例。专任教师学科、年龄、职称、性别等结构合理,切实满足教育教学活动、教学管理工作的需要。教师按规定参加国家和省规定的各种职后培训,逐步提高教师学历层次和业务能力。《蒙标》规定:公办中小学校教师、职员和工勤人员的配备,按照《内蒙古自治区人民政府办公厅转发自治区编办等三部门关于全日制普通中小学机构编制管理办法的通知》(内政办发〔2002〕24号)和《关于调整〈全日制普通中小学机构编制管理办法〉中附加编制标准的通知》(内机编办发〔2003〕69号)规定的标准执行。要按学科配齐专任教师。民办中小学校教师和工作人员的配备,可以参照公办中小学的标准执行。关于教师和工作人员的资质,标准规定,在自治区中小学校从事教育教学工作的人员,必须取得国家规定的相应教师资格。通过参加中小学教师继续教育,不断提高政治思想素质和业务技能水平,在相应周期相应年度,完成继续教育规定的学时。

四、普通高中办学标准完善的政策建议

前述对《鲁标》《赣标》《蒙标》中关于学校规模和班额人数、学校用地及建筑面积、教育装备及师资队伍等方面的比较,基本上是数量化的,在相关标准上有相似的地方,但具体的数值上大多不同。当然,三省(区)的办学标准中除了上述这些数量化的内容之外,还对很多指标进行了定性的描述,例如标准制定的目的、主体、适应范围、基本原则、学校设置、学校规划与设计、教学、办公及生活设备等。通过比较,我们认为普通高中办学标准的研制、实施还有提升的空间,还需要不断完善与深化,以便满足新时代普通高中教育发展的需求。

(一)要充分体现标准制定与实施的权威性

一方面体现为标准制定与实施主体的权威性,政府应该是基础教育阶段办学的主体,所以标准的制定、实施都要体现出政府办学的权威性。例如,三省(区)的办学标准都是由教育厅负责制定实施的,其中《赣标》的制定主体还包括省机构编制委员会办公室、省发展和改革委员会、省财政厅、省人力资源和社会保障厅、省住房和城乡建设厅、省国土资源厅、省卫生厅、省体育局等,《蒙标》的制定主体也包括发展和改革委员会及住房和城乡建设厅等。这无疑也有助于进一步增强标准落实的权威性。另一方面,标准的制定与实施需要提供法律或政策保障。教育政策法规具有权威性、公平性及强制性特征,也集中体现了政府发展教育的愿望及选择重点。世界上很多国家为了促进基础教育阶段办学条件和办学水平的标准化和均衡化,大多以法律法规、政策建议等形式规范中小学办学标准。因此,目前我国普通高中办学标准建设也应该以法律或至少以政策的形式进行规定,包括办学标准的内容、实施程序和评价体系等,进而为普通高中办学标准的制定与实施提供法律或政策保障。

(二)要加强标准贯彻落实的问责管理

就教育管理问责而言,它既要对上级教育行政部门负责,更要对下级部门和社会公民负责。一是加强领导,实行"一把手"问责制。各级教育行政部门都应该成立专门的办学条件标准落实领导小组,协调相关部门,明确责任,指导达标工作的实施。二是加大投入,实现有标准可落实的经费保障问责制。推进办学条件标准落实应该作为各级政府教育经费投入的重点,纳入预算。同时,要重点支持农村地区、办学条件相对困难地区的学校。三是定期督查,建立发展评估问责制。对办学标准的落实情况要定期组织检查、评估,建立办学条件达标情况年度报告制度,对落实办学条件标准效果明显的地区给予表彰和奖励。标准落实问责制的建立,有助于克服标准落实过程中阳奉阴违、敷衍塞责的现象,也有助于克服监督不到位或没有监督现象,进而为标准的贯彻落实提供良好的运行机制,避免暗箱操作甚至寻租行为的出现。

(三)要进一步凸显标准的个性化特征

一是三省(区)标准的个性特征不够鲜明,也没有体现区域性特色。例如,三省(区)标准从制定目的、性质及实施等方面都存在着相同或相似的地方,除了都体现落实科学发展观,推进基础教育均衡发展,实现教育、教学质量水平的不断提升等,以及在政府统一协调下,因地制宜、分级负责、分类推进、分步实施等原则性内容外,其他很多内容也很相似,只是在术语表达及具体数据上存在着相应的差异。二是缺乏学校自身的个性特征。学校不同于其他机构与部门,是一个人群相对集中的地方,是一个育人的机构与场所,有自己的价值追求、个性特色及发展环境,因此学校的校址选择、校舍建筑、设备设施、活动场所等应该有自身的特色,应该结合学校自身特色来进行建设与发展,而不是简单参照其他部门的标准或规范。例如,《蒙标》指出,校舍建筑及附属设施建设要严格执行国家的设计规范、建筑规范、环保规范、安全规范等标准。执行这些标准时如何体现学校自身的特性是值得认真思考的,例如,我国台湾地区根据地震多发的特点,要求"校舍抗震等级为一般建筑规定标准的1.25倍"[1],类似做法值得借鉴。

---

[1] 教育科学研究编辑部.办学条件标准的若干基础性问题访谈[J].教育科学研究,2004(2):16-20.

(四)应进一步拓展办学标准的"软件"建设

虽然三省(区)的标准都关注了办学的"硬件"与"软件"的结合,但这种关注程度还是不够的,而且标准大多体现了办学的"硬件"条件,这与我国20世纪八九十年代相继出现的办学条件标准有相似之处。随着我国教育综合改革的不断深化,我们更应该关注的是教育质量水平的提升和学校教育质量的稳步提高,而学校教育质量提高的关键应该是学校的办学"软件",即教学质量、管理理念、效率及师资队伍水平等方面的极大改进。正如原清华大学校长梅贻琦所言:所谓大学者,非谓有大楼之谓也,有大师之谓也。[1]这里无疑体现出学校的软件标准关注的是人的因素。普通高中也是如此,其办学质量水平的提高更应该通过充分实现人的主体性来体现。所以,迈克·富兰也指出:学校获得成功的内在机制在于教师。[2]因此,学校改革除了进行必要的办学硬件的改进以外,更重要的是还要围绕教师与学生这一对主体进行深度思考,更多地关注学校的人文价值及人的精神需求,这无疑也是学校办学标准应该具有的基本内涵及价值追求。

---

[1] 梅贻琦.梅贻琦教育论著选[M].刘述礼,黄延复,编.北京:人民教育出版社,1993:109.
[2] [加]迈克·富兰.变革的力量——透视教育改革[M].中央教育科学研究所,加拿大多伦多国际学院译.北京:教育科学出版社,2000:235.

第五章
普通高中教育经费
需更有保障

高中阶段教育作为基础教育的高级阶段,是连接义务教育与高等教育的纽带,在整个教育体系中处于十分重要的地位,其普及需要有充足的经费投入做保障。2018年,我国高中阶段教育毛入学率达到88.8%,进一步接近全国普及高中阶段教育毛入学率90%的发展目标。高中阶段教育属于准公共产品,在配置教育资源的过程中,既要发挥政府的主导作用也要发挥私人和社会团体的积极作用。普通高中作为高中阶段教育的重要组成部分,在教育经费保障政策和水平方面,与其他学段、中等职业教育相比仍存在明显差距。本章从普通高中教育经费政策的梳理与回顾入手,结合数据分析普通高中教育经费投入的状况、问题与政策建议。

一、普通高中教育经费基本政策框架

总的来看,关于普通高中教育经费的相关政策并不是独立颁发执行的,而是整合在对所有教育经费作出全面规定的法律法规和政策中的。关于普通高中教育经费的规定可被归纳为三个方面,即教育经费的投入政策、教育经费的筹措渠道、教育经费的使用和监管。

(一)普通高中教育经费投入政策

我国《教育法》规定了普通高中教育经费投入的责任主体及投入责任。相关法条主要有:

第五十四条 国家建立以财政拨款为主、其他多种渠道筹措教育经费为辅的体制,逐步增加对教育的投入,保证国家举办的学校教育经费的稳定来源。企业事业组织、社会团体及其他社会组织和个人依法举办的学校及其他教育机构,办学经费由举办者负责筹措,各级人民政府可以给予适当支持。

第五十五条 国家财政性教育经费支出占国民生产总值的比例应当随着国民经济的发展和财政收入的增长逐步提高。具体比例和实施步骤由国务院规定。全国各级财政支出总额中教育经费所占比例应当随着国民经济的发展逐步提高。

第五十六条 各级人民政府的教育经费支出,按照事权和财权相统一的原则,在财政预算中单独列项。各级人民政府教育财政拨款的增长应当高于财政经常性收入的增长,并使按在校学生人数平均的教育费用逐步增长,保证教师工资和学生人均公用经费逐步增长。

第五十七条 国务院及县级以上地方各级人民政府应当设立教育专项资金,重点扶持边远贫困地区、少数民族地区实施义务教育。

《教育法》以法律形式规定了包括普通高中教育在内的教育经费投入体制,明确教育经费投入责任主体,以及教育经费投入逐步增长的法定要求和义务。在法律规定的教育经费投入基本框架之上,国家在重要政策文件中不断强化教育经费投入"三个增长"的要求以及扩大教育经费投入总量的要求。例如,1999年1月,国务院批转教育部的《面向21世纪教育振兴行动计划》中提出"依法保证教育经费的'三个增长',切实增加教育的有效投入",并提出逐步提高中央本级和省级财政支出中教育经费支出所占的比例。此后,"三个增长"一直是我国教育经费投入政策的主导性政策。《国家中长期教育改革和发展规划纲要(2010—2020年)》提出要加大教育投入,要求各级政府要优化财政支出结构,统筹各项收入,把教育作为财政支出重点领域予以优先保障,同时要求年初预算和预算执行中的超收收入分配都要体现法定增长要求,提高国家财政性教育经费支出占国内生产总值比例,2012年达到4%。这些政策在加强教育经费投入的同时,也促进普通高中教育经费投入总量的不断提升。

(二)普通高中教育经费筹措渠道

《教育法》对于教育经费筹措进行了详细规定,进一步明确教育经费来源渠道:

第五十八条　税务机关依法足额征收教育费附加,由教育行政部门统筹管理,主要用于实施义务教育。省、自治区、直辖市人民政府根据国务院的有关规定,可以决定开征用于教育的地方附加费,专款专用。

第五十九条　国家采取优惠措施,鼓励和扶持学校在不影响正常教育教学的前提下开展勤工俭学和社会服务,兴办校办产业。

第六十条　国家鼓励境内、境外社会组织和个人捐资助学。

第六十二条　国家鼓励运用金融、信贷手段,支持教育事业的发展。

在法律基本框架之下,我国逐渐形成基础教育经费多渠道筹措的体制。1993年2月,《中国教育改革和发展纲要》提出多渠道筹措教育经费,即以国家财政拨款为主,辅之以征收用于教育的税费、收取非义务教育阶段学生学杂费、校办产业收入、社会捐资集资和设立教育基金等多种渠道筹措教育经费的体制。1996年,《普通高级中学收费管理暂行办法》对普通高中收费管理工作作出具体规定,提出学费标准根据年生均教育培养成本的一定比例确定,由省级政府确定学校所占比例。2001年,《国务院关于基础教育改革与发展的决定》提出了"实行在国务院领导下,由地方政府负责、分级管理、以县为主的体制"。原来"县办高中,乡办初中,村办小学"的格局转变为基础教育经费几乎全部由县级政府来承担,至此,我国普通高中形成了以县级政府承担为主,学生缴纳学杂费次之,多渠道筹措教育经费的教育财政体制。在以县为主的基础教育管理体制下,县级政府为了完成"普九"任务,高中教育经费被挤占用于义务教育,使得高中教育经费严重短缺,出现了"三限生"等权宜性政策。出于对普通高中教育经费困境的回应,《国家中长期教育改革和发展规划纲要(2010—2020年)》明确提出"普通高中实行以财政投入为主,其他渠道筹措经费为辅的机制",对普通高中教育经费筹措体制进行明确规定,对于普通高中教育经费筹措和保障发挥了积极作用。

(三)普通高中教育经费使用和监管

《教育法》对教育经费的使用和管理作出了基本规定：

第六十一条　国家财政性教育经费、社会组织和个人对教育的捐赠，必须用于教育，不得挪用、克扣。

第六十三条　各级人民政府及其教育行政部门应当加强对学校及其他教育机构教育经费的监督管理，提高教育投资效益。

基于《教育法》的规定，教育行政部门等也出台了有关教育经费管理的相关规章制度，主要包括：1996年出台的《教育系统内部审计工作规定》，旨在加强教育系统内部审计工作，有助于增加教育投入，提高教育资金使用效益。财政部、教育部2012年出台修订版《中小学校财务制度》，规范中小学校的财务行为，加强财务管理和监督，提高资金使用效益。财政部、教育部2016年出台《改善普通高中学校办学条件补助资金管理办法》，旨在加强和规范改善普通高中学校办学条件补助资金管理，提高资金使用效益。2018年，《国务院办公厅关于进一步调整优化结构提高教育经费使用效益的意见》发布，旨在进一步调整优化结构、提高教育经费使用效益，从完善教育经费投入机制、优化教育经费使用结构、科学管理使用教育经费等方面提出改进意见。这些法律法规的出台和有效实施，使得普通高中教育经费管理制度日臻完善，同时也推动普通高中教育经费管理从重点强调规范使用逐步延伸至对教育经费使用效益的重视。

二、普通高中教育经费政策改革实践

(一)各地制定和落实普通高中教育经费保障机制

在全国性政策的基础上，各地陆续出台针对普通高中教育经费的地方性政策，试图建立普通高中教育经费保障机制。高中生均公用经费拨款标准是公共财政向高中阶段教育投入的基本依据，也是建立高中阶段教育成本分担机制和经费稳定增长机制的制度基础。《教育部2010年工作要点》明确表示要"探索制定各级各类学校生均经费基本标准和生均拨款基本标准"。在政策推动下，大多数省份根据当地经济、文化水平,从普通高中生均公用经费入手,确定政府财政投入责任,制定普通高中生均财政拨款标准,并在此基础上给予市、县一定的上浮自主权,从而为进一步推进高中阶段教育优质普及奠定良好的财政基础。部分统计结果详见表5-1。

表5-1 部分省份普通高中教育经费保障机制建设情况汇总

省份	文号或年份	文件或政策	出台部门
江苏	苏财教〔2012〕242号 苏财教〔2015〕197号	关于建立健全普通高中经费保障机制的通知 关于提高公办普通高中生均公用经费拨款标准的通知	江苏省财政厅、教育厅
山东	鲁财教〔2015〕4号	关于普通高中学校生均公用经费拨款标准有关问题的通知	山东省财政厅、教育厅
海南	2016	在2016年度全省教育工作会议上的工作报告(曹献坤)	
吉林	吉财教〔2015〕191号	关于建立公办普通高中生均公用经费财政定额补助制度的通知	吉林省财政厅、教育厅
江西	2015	中共江西省委教育工委、江西省教育厅2015年工作要点	中共江西省委教育工委、江西省教育厅
河南	豫教办〔2016〕18号	中共河南省委高校工委、河南省教育厅2016年工作要点	中共河南省委高校工委、河南省教育厅
湖北	鄂政办函〔2015〕97号	关于进一步完善普通高中经费保障机制的通知	湖北省人民政府办公厅
湖南	2010	普通高中生均经费基本标准和生均财政拨款基本标准改革试点实施方案	
广西	2014	广西公办普通高中生均公用经费财政拨款基本标准	广西壮族自治区财政厅、教育厅
重庆	2015	建立公办学校财政拨款标准体系	

续表

省份	文号或年份	文件或政策	出台部门
四川	川财教〔2015〕288号	关于健全我省公办普通高中学校经费保障机制的指导意见	四川省财政厅、教育厅
陕西	陕政发〔2012〕1号	关于进一步加大财政教育投入的实施意见	陕西省人民政府
甘肃	2016	甘肃省教育厅、中共甘肃省高校工委2016年教育厅工作要点	甘肃省教育厅、中共甘肃省高校工委
宁夏	宁财(教)发〔2016〕125号	关于实施普通高中生均公用经费保障奖补机制的通知	宁夏回族自治区教育厅、财政厅

(二)积极探索普通高中免费教育

在各省份政策的基础上,部分市、县推出了提高普通高中生均公用经费标准的政策,更有地区提出实施普通高中免费政策,例如新疆、西藏、青海、陕西等地。2012年,内蒙古自治区全面实现高中免费教育,成为全国首个实现12年免费教育的省份。陕西省神木县(现为神木市)从2008年起实行城乡12年免费教育,从小学到高中,学费、杂费、课本费、住宿费等全免,彻底实现教育"零收费",并且在校学生每人每天享受一定数额的午餐费补助。从2015年秋季学期起,陕西省已对建档立卡的贫困家庭中普通高中和中等职业学校在校生免除学费,对贫困家庭普通高中学生每生每年发放2500元的助学金生活补助,对中职一、二年级在校贫困家庭学生每生每年发放2000元的助学金生活补助等,并从2016年秋季学期起,对全省普通高中学生免除学费。这些探索和尝试一方面彰显了我国普通高中教育经费政策的未来方向,另一方面也反映出普通高中免费政策背后所隐含的区域发展政策、减贫政策乃至民族政策影响等。部分统计结果详见表5-2。

表 5-2　部分省份普通高中免学费市、县列表

省份	免费范围及实施年份
河北	唐山(2008)、涞源县(2011)、平山县(2015)
福建	晋江(2012)、福清(2015)、福建全省(2017)
广东	珠海(2007)、增城(2010)
浙江	宁波鄞州(2008)
江西	德兴(2010)
广西	资源县(2013)、上思县(2016)、上林(2017)、马山(2017)、隆安(2017)
四川	双流县(2011)
贵州	福泉市(2016)
西藏	全区(2012)
陕西	吴起(2007)、神木(2008)、镇坪(2011)、宁陕县(2011)、陕西全省(2016秋)
内蒙古	全区(2012)
甘肃	临夏回族自治州(2013)
青海	六州所有学生和西宁、海东两市贫困家庭学生学免费(2016);2017年后逐步完善,"十三五"末前覆盖全省
宁夏	银川[2016,三区(兴庆区、金凤区、西夏区)试点]
新疆	轮台(2009)、新疆全区(2017)

(资料来源:根据各地新闻报道整理)

三、普通高中教育经费存在的问题

(一)普通高中教育经费保障机制不健全

从总体上看,当前关于普通高中教育经费保障问题,除了《教育法》所规定的教育经费保障机制和监管机制外,在国家层面上尚没有执行性较强的统一规定,国家尚未出台指导性的普通高中教育生均公用经费标准或财政拨款标准。

由于上位经费标准的不健全,各省份因各自的基础教育管理体制不同,针对普通高中教育经费的保障机制也不相同,甚至部分省份在"普九""两基"攻坚及其巩固的过程中,占用普通高中教育经费,致使普通高中陷入经费筹措困难的境地。为了解决经费问题,作为非义务教育的普通高中通过大量招收择校生、贷款等方式,补充教育经费,改善学校办学条件等。从相关统计数据来看,截至2010年底,全国普通高中负债总额达到1600亿元。这种做法短时间内提升了公办普通高中的办学条件等,但不具有可持续性,普通高中择校政策取消后,负债高中的发展将受到不小的阻碍,同时,对于普及高中阶段教育也构成了前提性缺陷。

(二)普通高中教育投入总量不足且增速缓慢

教育机构所获得的教育经费收入反映国家、社会和个人对各级各类教育的投入状况。长期以来,普通高中虽然被纳入基础教育范畴,但也被列为非义务教育,这种基本定位使得普通高中在经费筹措问题上必须寻找多样化的渠道。但是教育经费筹措渠道多样化并不意味着政府对普通高中教育投入责任的推脱或无限缩小,国家财政应承担普通高中教育的大部分经费投入责任。2016年,我国普通高中教育经费总额3932.31亿元,占当年国内生产总值的0.53%,占教育财政总投入的10.11%,而经济合作与发展组织(OECD)国家高中财政投入占教育财政总投入的比例中,德国等8个国家在10%~20%,韩国等16个国家在20%~30%,比利时等4个国家超过了30%。①

从高中阶段教育经费投入总额变化情况来看,从2007年到2016年这10年间,对高中阶段教育的经费投入总额在不断增加,尤其是在2012年之前经费保持两位数增速,2012年之后虽然增速有所放缓但依然保持增长的趋势。相比整个高中阶段教育而言,普通高中经费投入增长趋势与之大体相同,但增速略高于高中阶段教育,说明普通高中的经费保障水平有所提升。然而,从高中阶段教育经费占全国各级各类教育经费投入总额的比重来看,不论是高中阶段教育还是普通高中,所占比例均呈现下降的趋势。综合普通高中经费投入增长情况

---

① 薛海平,唐一鹏.我国普通高中教育经费投入:现状、问题与建议[J].教育学报,2016(4):89—101.

与其在全国各级各类教育经费投入总额中占比变化情况,可以看出普通高中教育经费投入的增长速度低于其他学段。2007年至2016年高中阶段教育经费投入变化情况见表5-3。

表5-3　2007—2016年高中阶段教育经费投入变化情况

年份	高中阶段教育 总额(万元)	增速(%)	占比(%)	普通高中 总额(万元)	增速(%)	占比(%)
2007	2245.30	–	18.48	1393.50	–	11.47
2008	2651.47	18.09	18.29	1602.23	14.98	11.05
2009	2978.31	12.33	18.05	1779.44	11.06	10.78
2010	3360.66	12.84	17.18	2003.35	12.58	10.24
2011	4132.86	22.98	17.31	2494.36	24.51	10.45
2012	4905.25	18.69	17.12	2995.94	20.11	10.46
2013	5224.14	6.50	17.20	3226.27	7.69	10.63
2014	5265.06	0.78	16.05	3358.54	4.10	10.24
2015	5766.13	9.52	15.96	3628.33	8.03	10.04
2016	6155.21	6.75	15.83	3932.31	8.38	10.11

(数据来源:2008—2017年度《中国教育经费统计年鉴》)

(三)普通高中生均教育经费投入水平进入高原期

"生均教育经费指数"指的是生均教育经费占人均GDP的比例,是一个把教育经费与国家的富裕程度进行综合考量的指标,反映了在不同经济发展和物价水平下生均教育经费的投入水平。一般来说,教育层级越高,生均教育经费指数也应越高,因为在更高层级的教育中所耗费的物质资本(校舍建筑、硬件实施等)和人力资本(师资水平)都相对越大。从目前我国普通高中财政性生均经费占人均GDP的比例来看,随着政府财政投入力度的不断增大,高中生均预算内教育事业费呈上升趋势。相比于初中,普通高中财政性生均教育事业经费占人均GDP的比例从2007年起开始低于初中,说明我国对于义务教育的重视程度相对较高,而对普通高中教育投入水平可以说自2012年以来基本没有增加,甚至在个别年份有所降低。我国部分年份中各级各类教育生均教育经费指数见表5-4。

表5-4 各级各类教育生均教育经费指数比较

(%)

年份	小学	初中	高中	中职	高校
2007	10.77	13.07	12.92	15.24	31.94
2008	11.44	14.70	13.31	15.81	31.44
2009	12.83	16.55	14.35	16.28	32.63
2010	13.02	16.92	14.64	15.72	31.13
2011	13.68	18.02	16.53	16.94	38.23
2012	15.37	20.41	23.22	18.97	41.05
2013	15.80	21.19	23.71	20.11	35.69
2014	16.34	22.04	19.20	19.42	34.26
2015	17.67	24.20	21.63	21.91	36.27
2016	17.81	24.99	22.94	22.78	34.92
2017	17.23	24.73	23.26	22.42	34.29

(数据来源:根据各年度《全国教育经费执行情况统计公告》和我国人均GDP计算)

(四)普通高中生均教育事业费地区差异较大

我国幅员辽阔,各省份经济社会发展水平存在明显的差距。总的来看,东部地区经济发展水平相对较高,普通高中教育经费投入较为充盈;中部和西部地区一方面经济发展相对落后,另一方面人口基数较大,从而拉低了普通高中生均教育经费。从统计数据来看,2017年,全国普通高中生均一般公共预算教育事业费为13768.92元,中部和西部地区均明显低于全国平均水平,从省一级层面来看,北京、上海、天津生均预算内事业性经费最多,均在30000元以上,广西、河南则较低,不足10000元,最高的省份是最低省份的7.5倍。可以看到,普通高中生均预算内教育事业费地区和省际差异较大。

四、普通高中教育经费政策改进建议

(一)加强普通高中教育经费保障机制建设

为进一步增强普通高中教育的健康发展,促进高中阶段教育的优质普及,让更多适龄人口享受更好的高中阶段教育,中央和地方层面应抓紧高中教育经费保障机制建设,尤其是普通高中。

普通高中教育经费保障机制建设应遵循政府投入为主、经费来源多样、基本标准保底、动态调整提效率的原则。在中央层面上,依照不同地区经济发展水平状况,制定各省设定普通高中生均教育经费标准的指导性方法;各省(自治区、直辖市)应根据中央制定的经费标准设定方法,结合本地实际情况合理确定本行政区内普通高中生均教育经费标准、普通高中生均公用经费拨款标准等。

地方经验:湖南省普通高中生均经费基本标准和生均财政拨款基本标准改革试点实施方案

湖南省普通高中生均经费基本标准和生均财政拨款基本标准改革试点的总体目标是:探索建立全省性分类、分地区的生均经费标准和财政拨款标准并逐步提高,并向农村地区、贫困地区倾斜,鼓励有条件的地方加大投入,进行特色发展;通过3~5年的时间,建立起有效的普通高中教育经费保障机制,逐步缩小区域之间、城乡之间、校际的差距,实现高中教育的高水平普及,促进高中培养质量的提高。

通过实施该试点方案,湖南省拟定完成以下任务:

1.建立符合普通高中教育发展特点的普通高中生均经费标准

明确普通高中经费来源:国家财政性教育经费,具体指预算内教育经费拨款、按国家规定用于职业教育的教育费附加、企业办学经费、校办企业、勤工俭学和社会服务收入用于职业教育的经费;社会团体和公民个人办学经费;捐集资收入;办学收取的学杂费等事业收入;其他收入。

明确普通高中开支范围：教职工工资、社会保障缴费、离退休费、资助贫困学生等人员经费类开支；公务费、业务费、设置购置费、用于学生试验实习耗材和房屋修缮等公用经费开支。

实行分类型、分地区的普通高中生均经费标准。按照普通高中教育事业发展的要求，并考虑各市、县(区)社会经济发展实际，根据各市、县(区)财力水平综合指标，确定不同的平均生均经费标准，同时明确生均经费应以不低于10%的幅度增长，其中财政拨款生均经费的增长幅度不应低于当年财政经常性收入的增长幅度。

2. 完善多渠道的普通高中生均经费投入新机制

逐步增加财政性经费对普通高中教育的投入。在按国家政策保证普通高中学校正常运转的前提下，加大对公用经费投入。市、县应随政府财力增长，逐步增加公共财政对普通高中教育的投入，省对各地办学质量高的普通高中给予重点补助和以奖代补支持。

进一步完善普通高中培养成本分担机制。逐步完善普通高中收费管理制度，建立家庭、社会、政府共同承担的高中教育培养成本分担机制。

实现办学主体多元化及投资主体多元化。通过一定的经费支持方式，鼓励民办普通高中的发展，认真执行国家对教育的税收优惠政策。

为确保该试点方案的顺利有效实施，湖南省教育厅拟定出台以下改革措施与保障条件：

第一，加强对标准制订和实施的领导。在省政府统一领导下，成立普通高中生均经费基本标准和生均财政拨款基本标准试点改革领导小组。由省教育厅、省财政厅、省人力资源和劳动保障厅等相关部门组成。省教育厅负责提出标准制订方案，指导市(州)、县(市、区)试点开展工作。省财政厅具体测算标准，根据高中事业发展需要和财力可能，确定生均拨款标准和经费分担办法，并督促落实。省人力资源和劳动保障厅出台高中学校教师配置标准和教师津补贴标准。领导小组办公室设在省教育厅。各市(州)、县(市、区)相应加强对改革试点的领导。

第二，建立普通高中预算内公用经费按定额标准由中央、地方经费分担机制。按照"明确各级责任、中央地方共担、加大财政投入、提高保障水平"的基本原则,逐步建立中央和地方分担的普通高中财政生均拨款机制。

第三,加强普通高中生均经费的监督和管理。加强普通高中投入的监督和管理是确保普通高中教育投入水平提高、经费使用合理、成本与效益协调的关键环节。各级政府应制定投入成本与效益评价指标体系,将评价结果作为专项拨款、表彰奖励和责任追究的主要依据。对普通高中学校经费的投入与使用情况进行检查、抽样,加强对经费使用的监督和审计,确保经费投向合理,防止资金被挤占、挪用和损失浪费,提高资金使用效益。各级政府要按规定对普通高中的收费收入实行两条线管理,不得截留、挪用、挤占中等职业学校合理收费收入。

(资料来源:http://www.old.moe.gov.cn//publicfiles/business/htmlfiles/moe/s4934/201012/113055.html)

地方经验:宁夏实行普通高中生均公用经费保障奖补机制

宁夏财政厅、教育厅联合下发《关于实施普通高中生均公用经费保障奖补机制的通知》,明确宁夏普通高中学校生均公用经费基准定额为每生每年400元,所需资金由当地财政承担。有条件的市、县(区)可适当提高拨款标准。

自治区对达到基准定额并全额落实到位的市、县(区),按照基准定额的50%进行奖补,资金由自治区财政承担。奖补资金全额用于学校公用经费开支。自治区属高中学校(含宁夏六盘山高级中学、宁夏育才中学)同时享受基准定额50%奖补政策,资金由自治区财政承担。2016年按照市、县(区)安排,对生均公用经费达到标准的市、县(区)给予50%奖补,其余市、县(区)适当给予奖补。从2017年起,严格按照高中教育生均公用经费达到400元标准的要求,对达标的市、县(区)给予奖补。

(资料来源:http://www.nxnews.net/xw/system/2016/02/24/011182829.shtml)

(二)合理增加普通高中教育经费投入总量

综合考虑未来高中阶段教育发展的新形势,包括适龄人口变化趋势、高考制度改革的影响等,合理、有重点地加大对普通高中教育的经费投入。重点关注中西部边远、民族和贫困地区,以及镇及镇以下乡村地区,在普通高中教育经费安排上给予优先扶持,着力填补普通高中教育资源空缺、补齐普通高中教育短板。

建立合理的普通高中教育经费使用机制,提高经费使用效率。增强教育经费使用的灵活性,合理、适当给予学校使用教育经费的自主权,通过学校申报、主管部门综合会审、事后监督反馈与评估等基本管理流程,给予学校根据校情在一定范围内安排教育经费的使用空间,从而进一步推动高中学校办出特色,增强吸引力。

(三)实行合理的成本分担机制

在我国,高中阶段教育尚不属于义务教育范畴,即便是在实行10年或12年义务教育的国家,大多数是向下延伸、覆盖学前1年或3年教育。在这样的背景下,高中阶段教育实行合理的成本分担势在必行。

科学核算教育成本,合理制订普通高中学杂费标准。按照学年科学计算生均教育成本,区分事业性支出和基本建设支出。按照事业性支出核算学杂费标准,学杂费应不超过教育成本的20%。

关注贫困学生,加大对普通高中学生的资助力度。优先关注建档立卡家庭经济困难学生,免除其学杂费,给予一定的助学金资助。逐渐扩大普通高中学生资助范围,让高中学生免除后顾之忧。

落实奖励扶持政策,促进民办高中发展。加快普通高中教育供给侧改革,首先要在促进民办教育发展方面做文章,明确民办高中在满足过剩需求和差异化需求方面的作用,加快落实奖励扶持政策,吸引民间资本进入高中阶段教育,分担高中教育成本。

(四)改革"以县为主"的普通高中教育经费投入体制

当前,我国普通高中教育经费投入实行"以县为主"的财政体制,县级以上政府对普通高中教育经费投入非常少,而相当一部分县级政府因缺乏足够的财力保障,导致对普通高中教育经费投入不足,地区间的普通高中财政投入不均等问题日益突出,各地普通高中教育发展也因此日益不均衡。国外许多国家实行的是多级政府共同分担普通高中教育经费投入体制,中央政府、省级政府、县级政府均要分担普通高中教育经费财政投入。参照国外成功经验以及分析我国当前普通高中教育经费的状况,我国普通高中教育经费实行"以县为主"的财政体制并不合适,可以考虑建立普通高中教育经费投入的多级政府财政分担机制,县级以上政府加大分担普通高中教育经费投入的比例,可以建立中央与地方分项目、按比例的普通高中经费投入分担机制。

(五)加大对普通高中教师和基建的投入

2014年,《国务院关于深化考试招生制度改革的实施意见》出台,确定了2014年启动试点,2017年全面推进,2020年基本建立的分类考试、综合评价、多元录取的新招生制度。新的高考方案将在全国范围内推行,传统高考下的行政班将会被打破,选课走班将会成为高中校园的常态。从现有的走班选课制度推行情况来看,教师专业结构的调整和数量,教学安排的不确定性和过程管理的烦琐,教学质量评价制度等面临着极大的挑战。而关乎教师专业结构调整和数量的教师资源配置问题成了新高考背景下选课走班制能否顺利推行的首要问题。新高考背景下学生选择课程的多样化使原有的根据师生比配备教师的人事管理制度已经不适应当前高中教育改革的发展趋势。并且,学生课程选择的多样化,对教师专业素质要求更高,为了推动高考改革的顺利进行,保障学生的学习质量,需要根据高中学生的选课需求,建立新的教师资源配置方式,完善教师的补充机制。而教师资源的调整与补充,就需要相应的编制经费投入保障。另外,新高考背景下,选课走班的推行,需要更多的教室资源等。为此,加大学校基建经费投入的比重也是下一步努力的方向。

第六章
普通高中设施设备建设
助力教育教学改革

办学条件包括硬件条件和软件条件,设施设备是硬件条件的重要构成,是衡量教育质量的重要指标之一,对于推进普通高中教育教学改革具有不可替代的支持性作用。从2015年党的十八届五中全会提出"普及高中阶段教育"战略目标以来,国家出台了一系列政策举措,极大地推动了我国普通高中教育的发展,普通高中的办学条件得到了历史性的改善。

一、城乡普通高中设施设备配备的拐点到来

国家"普及高中阶段教育"政策的提出,极大地促进了普通高中办学条件的改善。党的十八大以来,我国高中阶段教育总体上得到了较大发展,办学规模不断扩大,学校条件逐步改善,教育质量稳步提升,教育普及水平迈上了新台阶。但由于多方面原因,普通高中教育仍然存在许多明显短板,一些贫困地区、民族地区、边远地区教育资源短缺,普及程度较低;许多学校办学条件薄弱,难以满足基本教学需求;合理的经费投入机制尚不健全,普通高中债务问题尚未得到有效解决;教师数量不足,普通高中一些学科的专任教师短缺;一些学校教育质量不高,缺乏办学特色。这些困难和问题严重制约普通高中教育的健康可持续发展,直接影响高中阶段教育普及目标的实现。

为此,2015年,党的十八届五中全会首次提出"普及高中阶段教育"的目标。这一目标与《国家中长期教育改革和发展规划纲要(2010—2020年)》提出的"到2020年高中阶段教育毛入学率达到90%"的目标一脉相承。为贯彻党的十八届五中全会精神,落实《中华人民共和国国民经济和社会发展第十三个五年规划

纲要》及《国家教育事业发展"十三五"规划》部署,切实解决高中阶段教育发展面临的问题和困难,国家出台了一系列政策举措,使我国城乡普通高中的办学条件有了显著改善,设施设备建设的拐点已经到来。

近年来,国家实施了教育基础薄弱县普通高中建设项目、普通高中改造计划等,支持中西部贫困地区加快发展高中阶段教育。中央财政资金共投入270多亿元用于普通高中学校校舍改扩建、图书和教学仪器设备配置以及体育运动场等附属设施建设,惠及1800多所普通高中和近千万名学生。[①]

2017年3月24日,教育部等四部门联合印发了《高中阶段教育普及攻坚计划(2017—2020年)》,其主要目标为:到2020年,全国普及高中阶段教育,适应初中毕业生接受良好高中阶段教育的需求。全国、各省(区、市)毛入学率均达到90%以上,中西部贫困地区毛入学率显著提升;普通高中与中等职业教育结构更加合理,招生规模大体相当;学校办学条件明显改善,满足教育教学基本需要;经费投入机制更加健全,生均拨款制度全面建立;教育质量明显提升,办学特色更加鲜明,吸引力进一步增强。

为了实现以上目标,国家采取了"扩大教育资源"举措,要求各地结合本地区实际,在充分挖掘现有教育资源的基础上,有计划、分年度实施一些建设项目,新建、改扩建一批学校,为教育资源薄弱学校配齐必要的教育教学和生活设施设备。在没有普通高中的县,根据人口变动趋势和实际情况,因地制宜新建或改扩建普通高中学校,方便学生在当地上学。同时,国家扩大实施教育基础薄弱县普通高中建设项目,支持改扩建一批普通高中教学和学生生活类校舍,提升培养能力。继续实施普通高中改造计划,支持中西部省份贫困地区教学和生活设施不能满足基本需求、尚未达到国家基本办学条件标准的普通高中学校改扩建校舍、配置图书和教学仪器设备以及建设体育运动场等附属设施。国家采取的这些政策举措,使我国普通高中学校的办学条件和校容校貌发生了巨大变化,为广大学生的成长成才创造了良好的环境。

[①] 焦新.为孩子提供更多接受良好高中教育的机会——党的十八大以来我国高中阶段教育发展迈上新台阶[N].中国教育报,2017-09-25(3).

二、我国普通高中设施设备改善状况

2016年,我国普通高中办学条件进一步得到改善,生均校舍建筑面积、生均仪器设备配置水平、生均图书配置水平等各项指标持续向好。同时,受到区域经济发展水平的影响,不同区域间的各项具体指标仍存在明显差距。

(一)普通高中生均校舍建筑面积持续增加

通过表6-1可以看到,2016年,全国普通高中生均校舍建筑面积为20.8平方米,比2015年增加0.9平方米。分区域看,东部地区普通高中生均校舍建筑面积最大,平均为24.7平方米,比上年增加1.2平方米;中部地区为18.6平方米,比上年增加0.5平方米;西部地区为18.6平方米,比上年增加1.0平方米。与2012年相比,全国普通高中生均校舍建筑面积增加3.7平方米。分区域看,东部地区比2012年增加4.7平方米,中部地区比2012年增加2.8平方米,西部地区比2012年增加3.6平方米。分省份看,与2015年相比,只有湖南(20.33平方米)和新疆(20.61平方米)生均校舍建筑面积分别下降了0.77平方米和0.37平方米,其他省份都在增加。[①]

表6-1 普通高中生均校舍建筑面积变化情况

单位:平方米

地区	2016年	2015年	2012年	2016年比2015年增加	2016年比2012年增加
全国	20.8	19.9	17.1	0.9	3.7
东部	24.7	23.5	20.0	1.2	4.7
中部	18.6	18.1	15.8	0.5	2.8
西部	18.6	17.6	15.0	1.0	3.6

(二)普通高中生均仪器设备配置水平持续提高

2016年,全国普通高中生均仪器设备值达到3325.1元,比2015年增加326.1元,增长10.9%。分区域看,由于在校生规模继续缩小等原因,东部地区比

---

① 教育部发展规划司编.2016年全国教育事业发展简明统计分析(内部资料).2017:92.

上年提高11.3%,达4841.7元;中部地区为2137.1元,比上年提高9.2%;西部地区达到2828.6元,比上年提高12.2%,增幅超过了东部和中部地区。但中西部与东部地区相比,生均仪器设备值仍有一定差距。(见表6-2)

表6-2 普通高中生均仪器设备值变化情况

地区	2016年(元)	2015年(元)	2012年(元)	2016年比2015年增长(%)	2016年比2012年增长(%)
全国	3325.1	2999.0	2126.4	10.9	56.4
东部	4841.7	4350.1	3077.6	11.3	57.3
中部	2137.1	1957.6	1493.1	9.2	43.1
西部	2828.6	2520.9	1623.2	12.2	74.3

分省份看,与2015年相比,2016年除了西藏普通高中生均仪器设备值下降外,其余30个省份均增加,其中湖北、贵州由于在校生规模缩小,教学仪器配置值较大幅度增加,增幅分别为22.5%和2.2%。总体而言,虽然各省的生均仪器设备值基本上都呈现大幅度增长趋势,但是省际差距比较明显,比如北京的生均值远高于仅次于它的上海的生均值,而上海的生均值又远远高于其他省份的生均值。[1]

(三)普通高中生均图书配置量有小幅增加

2016年,全国普通高中图书配置量有小幅增加,生均配置图书为37.13册,比2015年的35.21册增加了1.92册。其中东部地区比上年增加了1.73册,中部地区增加了1.19册,西部地区增加了3.09册。(见表6-3)

表6-3 2015—2016年普通高中生均图书配置情况

单位:册

地区	2016年	2015年	2016年比2015年增加
全国	37.13	35.21	1.92
东部	49.72	47.99	1.73
中部	25.25	24.06	1.19
西部	35.10	32.01	3.09

---

[1] 教育部发展规划司编.2016年全国教育事业发展简明统计分析(内部资料).2017:268.

（四）普通高中信息化水平稳步提升

1.普通高中建网学校情况

2016年,全国普通高中建网学校比例为88.7%,比2015年增加1.2%,比2012年增加8.4%;东部地区普通高中建网学校比例最高,为95.1%,比2015年下降0.3%,比2012年增加3.9%;中部地区为85.1%,比2015年增加2.6%,比2012年增加9.2%;西部地区为84.1%,比2015年增加1.5%,比2012年增加12.7%。(见表6-4)

表6-4 普通高中建网学校比例变化情况

（%）

地区	2016年	2015年	2012年	2016年比2015年增加	2016年比2012年增加
全国	88.7	87.5	80.3	1.2	8.4
东部	95.1	95.4	91.2	−0.3	3.9
中部	85.1	82.5	75.9	2.6	9.2
西部	84.1	82.6	71.4	1.5	12.7

分省份看,与2015年相比,2016年有12个省份建网学校比例下降,其中,西藏下降了5.6%,其次为辽宁和北京,分别下降了2.0%和2.3%;其余19个省份建网学校比例均有提高,其中安徽提高了8.8%,其次是青海和新疆。与2012年相比,2016年全国有3个省份建网学校比例下降,分别是北京下降了1.5%,内蒙古下降了0.7%,上海下降了0.4%。新疆、贵州、西藏建网学校比例提高最多,分别提高了28.9%、23.7%和21.1%。[①]

2.普通高中每百名学生拥有教学用计算机台数情况

2016年,全国普通高中每百名学生拥有教学用计算机台数为17.1台,比2015年增加1.2台。分区域看,东部地区为24.2台,比上年增加1.7台;中部地区为11.7台,比上年增加0.7台;西部地区为14.7台,比上年增加1.3台。(表6-5)

---

① 教育部发展规划司编.2016年全国教育事业发展简明统计分析(内部资料).2017:94.

表6-5 普通高中每百名学生拥有教学用计算机台数情况

单位:台

地区	2016年	2015年	2012年	2016年比2015年增加	2016年比2012年增加
全国	17.1	15.9	11.8	1.2	5.3
东部	24.2	22.5	15.9	1.7	8.3
中部	11.7	11.0	8.9	0.7	2.8
西部	14.7	13.4	9.8	1.3	4.9

分省份看,2016年全国有30个省份普通高中每百名学生拥有教学用计算机台数均有所增加,北京增加最多,较之2015年增加了8.9台,其次分别是广东和海南,分别增加了2.8台;只有新疆一个省份下降,下降了0.9台。与2012年相比,2016年全国31个省份普通高中每百名学生拥有教学用计算机台数均有所增加,北京增加最多,增加了40.5台,其次为广东和海南。[1]

三、办学条件改善助力普通高中教学改革

普通高中教学设施设备是学校办学条件的重要组成部分,是进行课程改革、实施素质教育的重要载体,是培养学生创新精神和实践能力的必备条件。在扩大普通高中招生规模和提高普通高中普及水平的同时,各级教育行政部门始终把贯彻党的教育方针、落实立德树人根本任务、全面实施素质教育摆在突出位置,积极培育和践行社会主义核心价值观,着力深化普通高中课程教学改革,推动学校多样化、有特色发展,在促进城乡教育均衡发展、实现教育公平等方面取得突破性成效。下面将选取三个基于教学设施设备进行教育教学改革的典型案例,具体剖析普通高中设施设备的改善对教学改革的支持作用。

(一)成都教育信息化促进"城乡教育一体化均衡发展"

成都是国务院确定的"探索城乡教育一体化发展有效途径"的教育体制改革试点城市,是教育部、四川省、成都市共建的统筹城乡教育综合改革试验区和全国教育信息化试点单位。近年来,成都从全域成都和内涵发展角度出发,深

---

[1] 教育部发展规划司编.2016年全国教育事业发展简明统计分析(内部资料).2017:95,269.

入探索教育信息化促进教育均衡发展模式,充分发挥现代信息技术在破解区域间、城乡间和校际教育发展"失衡"中的优势作用,切实提高"互联网+教育"的互动融合度,努力破解传统扶薄"成本高、效益低"的难题,初步探索出一些创新经验和模式,逐步缩小区域、城乡之间以及校际的数字资源差距,大力促进教育公平和教育均衡。

1. 面临的主要问题

第一,城乡、区域和学校之间在办学条件、师资水平、办学质量上还存在明显差距,如果按照常规途径解决,需要一个相当漫长的过程。

第二,名校优质教师资源和学习资源依然有限,通过简单平均分配和传统复制的办法无法满足人民群众日益增长的对优质教育和高质量教学资源的迫切需求。

第三,教育信息化在促进区域教育均衡发展和教育改革方面的作用不明显。

2. 解决问题的主要方法

第一,"四化"融合,创新"六动"工作机制。出台《成都市教育信息化发展规划(2014—2020年)》和《成都市"互联网+教育"工作方案》,系统规划全域成都教育信息化,形成顶层设计。2014年,成都提出教育均衡化、现代化、国际化、信息化"四化"融合发展目标,坚持"应用为本"的原则,创新上下联动、项目推动、应用驱动、榜样带动、圈层互动、督评促动的"六动"工作机制(见图6-1),加快推进全域成都教育信息化发展。

图6-1 "六动"工作机制

第二，夯实基础，为教育均衡发展保驾护航。实施"中小学教育技术装备提升工程"，2012年到2014年累计投入教育信息化建设资金17.8亿元，其中投入8.2亿元重点解决经济相对薄弱的区(市)县装备资金缺口，基本实现城乡资源均衡配置。长期以来城乡学校教学仪器设备等办学条件差异悬殊的状况得到扭转。全面完成成都市教育城域专网改造升级，形成千兆接入、城域骨干十万兆的网络服务能力，与下一代互联网无缝对接；在全市中小学建成高清视频会议系统，为学校开展"互联网+教育"、远程教学、网络教研、资源应用等奠定了坚实的基础。

第三，共享资源，构建城乡全域覆盖资源平台。为了践行"学有良教"，助推教育公平，成都市教育局打造了推动城乡教育优质均衡发展的公益性项目——"成都数字学校"，汇聚名校名师，建成"空中无边界"课堂。

第四，高地辐射，构建名校远程网络教育体系。在全国率先并唯一建成"全学段、多模式、高质量、广受益"的全日制远程网络教育体系。组织成都七中、石室中学等学校开展高中直播教学，探索出一条独具特色的远程教育模式。远程教育模式不仅覆盖成都市二、三圈层所有区(市)县，同时覆盖云、贵、甘等8个省市630余所学校，数万名学生从中受益。

3.取得的成效和经验

第一，教学质量显著提高。成都市二、三圈层网班尤其是200余所农村学校的教学质量年年攀升。2017年，全域成都远端学校网班高考理科本科上线率为90.34%，其中一本上线率为53.26%，较2016年增长15%；高考文科本科上线率为79%。民族地区教学质量极大提高，2017年，甘孜网班中考重点高中上线率为75%。累计帮助数以万计学生圆了大学梦，59名学生考入清华北大。2017年，金堂县淮口镇淮口中学网班代雯同学成为该校首名考入清华大学的学生。

第二，师生发展态势喜人。名校网络课堂不仅促进了学生学习成绩和教师教学能力的提升，同时也逐步形成了名校和众多远端学校的合作共同体，逐步消除地域教育壁垒，促进前端学校和远端学校在办学理念、教育教学和教师研修上相互支撑、共同进步。远端学生的综合素质也得到明显提高，一些民族地区由于学校教学质量的提升，出现了学生回流的态势。

第三，教育均衡度和满意度大幅提升。2014年到2017年，成都市城乡教育一体化达成度由78.1%提高到87.6%，教育现代化水平达成度从76.5%提高到95.1%。成都教育发展指数稳居全国15个副省级城市前列并两次获得第一名，连续两年教育在全市公共服务满意度测评中排名第一。成都帮扶甘孜实现由"普初"到"普九"的历史性跨越，成为边远、民族地区教育信息化推进典型。

第四，初步构建教育新生态。在"应用为本，融合创新"理念的支撑下，不同圈层、区域、类别学校的教育信息化创新活力被有效激发，在改造学习环境、革新教学模式、优化管理流程、开展智能评价等方面呈现出多元化、多样态的特色。远程教育、翻转课堂、移动应用等新型教育教学模式得到充分实践与创新。

第五，成都经验得到肯定和推广。俞正声、刘延东、杜占元等各级领导多次肯定成都市网络教育模式成果；"都江堰国际论坛""亚洲教育论坛"将该项目经验推向世界。

（二）上海市市西中学以思维"广场"撬动教育教学深度变革

在互联网时代和数字化背景下，上海市市西中学用六年的实践，对人的学习进行了一种探索。学校以高阶思维培育为目标，首创思维广场，再造"目标引领—自主研习—合作研讨—思辨提升"教学流程，实现了面对面学习和在线学习并存，以及互相补充的混合学习，使每个学生的学习过程产生差异，为其创设了巨大的个性化选择空间。学校的这项改革回应了当今世界学校功能转变的时代命题。2018年，"思维'广场'撬动教学深度变革，实践'优势学习'的研究"这一教学成果，获得第二届全国基础教育教学成果评选一等奖。这标志着市西中学的教育改革与实践居于全国领先的地位。

1.传统教学的弊端

在智能教育时代，班级授课制受到人才的个性化培养的严峻挑战，其存在的弊端主要有：学习内容固化和方法单一，学生的主动性和独立性受到极大限制，学生难以发挥主动性和创造性。针对这些问题，市西中学开创思维广场，创建大小合适的空间，整合教室和图书馆功能，融入信息技术，融合、丰富课程资源，支持优势学习。

2.解决问题的主要方法

第一,首创思维广场,提出"优势学习"。学校借鉴多元智能、学习优势等理论,通过文献研究与观察发现:学生学习具有个体特质,在适合需要的条件下,进行差异性学习有助于提升学习效能,促进优势智能发展。学校运用行动研究法,按照"设计—实施—总结—反思—改进"的循环流程,从学校、教师、学生层面研究行动策略,逐步形成"优势学习理论"。

优势学习是一种个性化发展的深度学习,其中更多的是老师引导和帮助下的学生学习,目的是指向具体的社会人的全面发展,这是形成学生核心素养的基本途径。上海市市西中学校长董君武提出,"在优势环境、选优势时间、用优势方式、学优势内容、重优势评价"的优势学习理论,从学校、教师和学生层面提出并践行了"运用优势评价/内容/方式/时间/环境"策略,以优势学习促进学习优势发展和思维品质提升。

针对班级授课制中传统教学方式在一定程度上限制了学生创新素养和思维培育问题,通过观察分析发现:颠覆传统教室,使教师不能面对全班授课,教师的"教"和学生的"学"会被迫发生改变。于是,学校进行空间设计和功能配置,创设了思维广场。

第二,再造教学流程,建构教学模式。学校立足课堂教学主阵地,同步研制必修课教学方案,探索学科、教师、班级和课时的不同组合形式。学生根据思维广场课表和学习任务单自主安排单科或跨学科学习,自主选择学习目标、内容、方式、时空和伙伴,自主研习,对话辨析,分享交流。经过多轮实践,再造"目标引领—自主研习—合作研讨—思辨提升"教学流程,形成关注深度学习和思维挑战的教学模式,学生认识自己的学习优势,感受深度学习和思维提升的喜悦,为该教育模式的实践深化和推广奠定了基础。

第三,重构学习环境,深化学习变革。学生自主学习意识的激发和学习习惯的变化,引发学校对学习环境、教学模式进一步变革的思考。学校扩建创新实验室、图书馆,新建开放型学习场所,建构虚拟(网络)和真实(社会)的学习空间,重构多维立体、适应不同需要的学习环境,拓展广义的思维"广场",并将思维广场的教学流程和学习形态推广到校园各个学习场所,推动学习深度变革。

第四,流程再造。立足课堂教学主阵地,同步研制必修课教学方案,探索学科、教师、班级和课时的不同组合形式。通过探索教学流程,再造教学流程,变革教学模式,关注批判思维和创新思维培育,再造师生合作的"目标引领—自主研习—合作研讨—思辨提升"教学流程,形成单学科与跨学科、独立与合作、线上与线下相结合,学生自主选择学习目标、内容、方式与时空的教学模式。学生在思维碰撞、对话辨析、交流分享等挑战中,开展优势学习,实现教学深度变革。

第五,学校运用扎根理论,引导学生体验、比较、发现学习"优势",充分满足优势学习的个性化需求,实现学生思维品质的全面提升。

3.取得的成效和经验

第一,落实立德树人,学生优势得到充分发展。"选择形成责任,规则造就品德",学生普遍学会自主选择、自我负责,开展优势学习。取得的成效包括:18个创新实验室中学习超100小时/月的人数越来越多;82%的学生参加文化游学,完成了127项课题;100%的学生参加社团和志愿者服务;自主策划4届公益微电影大赛、3届慈善音乐会;学科竞赛获奖1187项、创新大赛获奖464项、体艺比赛获奖236项等。

第二,关注优势学习、关注差异成为教师自觉。学校教师团队关注学生发展,关注优势学习,积极主动投身教学改革。学校优化配置教育资源,科学设计制度,实现学习深度变革。教师关注学生的发展,积极投身教学改革,促进优势学习。100%的教师针对学生的需要和选择,开展个别化辅导;95%的教师主动担任免修生导师;65%的教师主动承担文化游学指导;100%的教师参与教改实践;80%的教师自主申报教育实践推进项目;承担区级以上课题83项,发表论文108篇,出版专著7本;开展专题展示、研讨340场。

第三,优化资源配置,自主学习成为校园常态。学校优化配置教育资源,科学设计制度,严控周课时总量,开齐开足所有课程,优化学业诊断和个别辅导,实现学习深度变革:严控35节周课时,比同类学校少20%以上;开齐开足所有课程,高三每天一节体育课,每周开设艺术、心理、时政课;编制执行校本教学实施指南,优化学业诊断和个别辅导;90%的学生主动预约学习;60%的学生申请免修,超过100人次/学期获免修;高三每周三为"自主作业日"……学校形成"不上课≠不学习，无作业≠不学习"的意识，学生自主学习成为一种常态。

第四，面向全国辐射，教改经验得到广泛认可。举办28场全市、全国及国际研讨展示会；中国教育报、文汇报、解放日报、上海教育电视台、上海教育杂志等屡次报道；32个省、自治区、直辖市及港澳台教育团纷纷前来学习考察，累计210批，人数逾万；不少学校借鉴并建设学习空间，开展教学探索。

上海市教育督导反馈：学校坚守"个性化教育"……建构起适应学生需求的、具有充分选择性和个性化的教育模式……"思维广场"等一系列具有开创性的教改举措，引发了教师"教"与学生"学"的方式变革……为深化上海基础教育改革提供了鲜活的案例，也为全市实验性、示范性高中建设提供了有益的经验。

（三）全日制远程教学助推边远、民族地区高中实现跨越式发展

1.面临的主要问题

第一，从自然条件来看，边远、民族地区大多文化落后、知识传播途径不畅通。一位来自贵州省民族地区的、到北京开会的农村小学校长感慨地说："我们村的教育离县城的至少差20年，县城的离北京的又差了50年。"其实，这种差距远不止70年。有学者研究提出著名的"长江模型"，发现我国长江流域从上游、中游、下游到入海口，依次形成不同的发展地带，呈现从原始文化、农业文明、工业文明到知识文明四个阶段的典型特征，我国边远、民族地区的文化大部分就处于原始文化阶段（见图6-2）。"长江模型"覆盖的地域带中既有接近发达国家水平的大都市，也有较发达的大、中城市与近郊农村，还有经济相当落后的中西部省份的农村与贫困山区。从"长江模型"中可以看到，在知识社会到来之后，西部地区所处的不利位置，带来了发展的更大威胁——知识隔离。世界著名管理学大师彼得·F.德鲁克认为：在知识社会里，没有贫穷的国家，只有无知的国家，对于任何一个个人、组织、企业和国家，获取和应用知识的能力是竞争成败的关键。

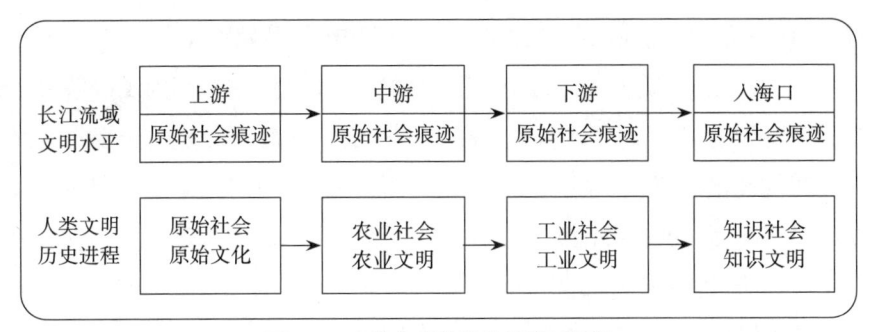

图6-2 人类文明进程的"长江模型"

第二,从经济社会发展来看,教育发展乏力。有政府官员曾尖锐地指出,我国民族地区教育发展面临着几大突出困难:一是经济发展能力难以支撑民族地区教育;二是民族地区教育财政能力难以满足教育发展需求;三是教育差距难以靠自身力量解决;四是教育质量难以靠自身力量提高;五是教师队伍难以靠自己的努力建设。

第三,"数字鸿沟"带来"知识隔绝",加大了民族地区与教育发达地区的教育差距。目前,随着现代信息技术迅猛发展,民族地区与教育发达地区相比出现明显的教育"数字鸿沟",使处于原始文化中的民族地区遭遇更大威胁——"知识隔离"。著名经济学家胡鞍钢说:21世纪最重要的发展要素是知识资源。[①]而我国西部地区同东部地区相比,存在着巨大的知识发展的差距。目前,西部一些少数民族地区已经面临知识隔离的危险。远离现代文化、"数字鸿沟"、"知识隔离"等意味着什么?意味着民族教育失去了发展的原动力,意味着阻断了学生通过"知识改变命运"的希望。

第四,从发展模式上来看,边远、民族地区教育发展的"模仿或照搬"模式难以维系。中华人民共和国成立以来,党和政府高度重视民族地区教育工作,为了缩小边远、民族教育落后地区与教育发达地区之间的教育差距,出台了多个政策举措,逐渐"形成了追赶汉族的民族教育发展模式,即'模仿或照搬汉族地区教育发展的模式'"[②]。这种模式在计划经济时期对于改善民族地区教育办学条件、加强师资队伍建设等具有一定作用,但是,随着改革开放的到来,该模式暴露出越来越多的问题。有学者分析,我国各地教育发展差距开始扩大,是从

---

① 胡鞍钢,熊义志.西部开发应优先实施知识发展战略[J].中国软科学,2000(10):4.
② 王鉴.我国少数民族教育跨越式发展战略研究[J].西北师大学报(社会科学版),2004(1):102.

20世纪70年代末市场化改革扩大了地方财权和事权开始的。[①]

第五,从发展短板来看,教师数量不足、质量不高问题短期内难以解决。边远、民族地区教师数量不足、质量不高是长期困扰其教育发展的最突出问题和实现教育现代化的瓶颈。提高教学质量关键在教师。在《国家中长期教育改革和发展规划纲要(2010—2020年)》颁布实施两周年的国务院新闻办公室举办的新闻发布会上,时任教育部部长的袁贵仁指出:"中国是一个农业大国,不懂农村农业就不懂中国,中国教育现代化的重点在于农村,难点也在于农村,解决农村教育问题的关键是农村教师。"[②]目前,农村中小学教育面临三大挑战:一是教师来源问题——"下不去";二是教师安心工作问题——"留不住";三是教师业务水平问题——"教不好"。西部贫困地区不仅难以吸引教师,甚至一些学校由于缺少教师连基本的日常教学工作都难以维系。

2.解决问题的主要方法

面对如此困境和挑战,边远、民族地区教育该如何实现发展?四川省甘孜藏族自治州原教育局局长嘎绒拥忠认为:"越是落后、边远的地方,教育越是要信息化,我们要用高端的方式解决低端的问题。"全日制远程教学就是这样一种"高端方式"。所谓全日制远程教学,是指通过卫星、网络等现代信息技术,实况直播、录播或植入城市名校教师课堂教学,远端学校师生通过收看、参与名校课堂教学,从而实现城乡学生"异地同堂"、共享优质教育资源的目的。

全日制远程教学将处于我国基础教育中高端的城市名校与处于低端的民族地区学校的教育教学有效融合在一起,创造了四个"统一"。

第一,建立城乡学校统一的教学模式。针对普通高中教育的特点以及我国边远、民族地区教育的现状,成都七中东方闻道网校通过对现有教学流程进行再造,创造性地提出"四同时、四位一体"的远程直播教学模式。"四同时"就是"同时备课、同时授课、同时作业、同时考试",即:前端教师与远端教师每周一次同时备课,共同分析教学重难点,探讨教学方法;远端学生与前端学生实行同一课程表、同一位老师主导授课、同一作息时间,远端学校教师在课堂上协助成都

---

① 杜育红.教育发展不平衡研究[M].北京:北京师范大学出版社,2000:132.
② 国务院新闻办公室新闻发布会.《国家中长期教育改革和发展规划纲要(2010—2020年)》颁布实施两年来教育改革发展情况.http://www.china.com.cn/zhibo/2012-09/06/content_26413278.htm.

七中教师进行教学;同时完成相同的作业;同时参加同一份试卷考试(见图6-3)。"四同时"保证了成都七中的课堂教学及相应的管理要求原汁原味地落实到远端学校,真正实现了"异地同堂"目的。

图6-3 远程直播教学模式的"四同时"

第二,创造城乡学生学习和成长的统一的"第二学习空间"。全日制远程教学通过信息技术将城市名校教师课堂教学嵌入到了边远、民族地区学生课堂学习环境中,从而为远端学校学生创造出一个崭新的"第二学习空间"。"第二学习空间"也可以称作"网络学习空间"或"拟态环境"。在这个环境下,名校学生还成为远端学生学习的榜样,绝大部分的远端学生会将名校表现出色的同学当作自己学习的榜样或偶像。

第三,建立各民族师生统一的精神家园。边远、民族地区的学生成才、教师成长和学校发展,从根本上来说是文化的进步。一些生活在贫困地区的学生,"文化贫困现象"往往牵制了他们的思想、禁锢了他们的手脚。全日制远程教学让城市名校文化与远端学校文化形成了一种"血脉相连,血气相通"关系。远程教学中"课前三分钟分享感受""课间十分钟",以及主题活动、"大班会"、文体活动等,让远端学生沐浴在现代文化中,受到潜移默化的影响。调查结果显示,经过两年多的学习,绝大部分远端学生认为,自己比以前更加了解城市文明,从而增加了对国家和民族的认同感。

第四,形成城乡学校统一发展的命运共同体。全日制远程教学中,名校以"母鸡带小鸡"方式,改善了校际和城乡间学校发展的分割状态,创造出城乡学校相互依存、共同发展的新生态。调研中,康定中学陈军校长说:"全日制远程教学让民族地区学校发展由县乡级公路一步跨上了国家信息高速公路,这种带动作用是其他任何方式无法达到的。"调查结果显示,高达87.8%的校长、76.5%的教师、89.0%的学生和84.4%的家长认为,全日制远程教学是促进边远、民族地区教育跨越式发展的一条有效途径。[①]

3.取得的机制创新成效

全日制远程教学弥补了传统扶薄手段的缺陷,实现了教育基础薄弱学校、民族地区学校的孩子想上城市名校、共享名师资源的朴素愿望,成为推动城乡教育一体化转型升级的有力手段。这一体系具有四个创新点。

第一,创新"政府主导、企业主体、学校主动"的远程网络教育建设机制。坚持政府主导,加大财政投入,高标准夯实城乡教育一体化发展基础。组织名校建设网络学校,向教育基础薄弱学校、民族地区学校精准提供优质教育资源。企业参与网络基础设施建设和负责信息化运营管理。

第二,创新"四个同时、四位一体、四个统一"的远程网络教育运行机制。前端学校、导播中心、远端学校三端联动,形成两端学校备课、授课、作业、考试"四个同时",授课教师、把关教师、远端学校教师、技术教师"四位一体",试卷、标准、反馈、评估"四个统一"的远程网络教育运行机制。

第三,创新"多措并举、多维激励、精准发力"的教育精准扶薄推进机制。从基础保障、网校体系、资源建设、教师培训入手,立体推进教育信息化建设。每年安排专项资金,对教育质量明显提升的远端学校给予补贴,对教学效果反馈良好的前端名校给予表彰。

第四,创新"优质供给、授之以渔、持续发展"的教育精准扶贫造血机制。在提供优质课程资源的基础上,鼓励支持帮扶对象强化自身造血功能。如,帮助甘孜建成康巴网校,形成"依托成都优质带动甘孜优质的智慧教育A平台"和"依托州内优质带动州内薄弱的智慧教育B平台",扩大当地优质教育覆盖面,形成本土特色发展优势。

---

① 张杰夫.全日制远程教学有效促进边远、民族地区教育发展的成因与启示[J].中国电化教育,2016(12):62.

第七章
普通高中课程改革走入深水区

课程是教育工作的核心,是开展教学活动的主要依据,是学生成长成才的保障,是联系教师和学生的中介,集中、具体地体现了教育的目标。课程改革是当前我国基础教育领域重要的改革之一,也是全面推进素质教育、提高人才培养质量的有效策略。《国家中长期教育改革和发展规划纲要(2010—2020年)》明确提出了推进培养模式多样化,满足不同潜质学生的发展需要的目标。实现高中学生全面而有个性的发展这一目标与学校的课程密不可分。经过几十年的改革与发展,普通高中教育得到了长足的发展,普通高中教育资源特别是优质教育资源总量得到了前所未有的快速增长,同时普通高中也面临着来自各方面的挑战,包括教育国际化步伐日益加快、本身长期不均衡发展遗留的一些历史问题突出及以考试招生制度改革为核心的教育领域综合改革不断深入等,对我国普通高中课程改革提出了更高要求。

一、我国普通高中课程发展的历史沿革

2018年我国高中阶段毛入学率已达到88.8%。党的十八届五中全会明确提出我国将"普及高中阶段教育",《高中阶段教育普及攻坚计划(2017—2020年)》明确提出,到2020年实现高中阶段教育毛入学率达到90%以上,这一目标的实现,也需要高中阶段的课程进行相应的改革。因此,深刻认识普通高中课程改革的发展状况,对于破解当前制约高中发展的难题具有重要的意义。从政策上分析,中华人民共和国成立以来的70余年间,我国普通高中经历了八次课程改革。

第一次高中课程改革以《中学暂行教学计划(草案)》的颁布为标志,从中华

人民共和国成立到1952年。1950年8月,教育部颁布《中学暂行教学计划(草案)》,规定了在中学阶段共设13门课程,这是中华人民共和国的第一份中学教学计划。《中学暂行教学计划(草案)》取消了旧中国的"党义""童子军""军事训练"等科目,规定中学设政治、语文、数学、自然、生物、化学、物理、历史、地理、外语、体育、音乐、美术等课程。"计划"还单独设置了政治课程,加强了对学生的新民主主义教育。同时,"语文"替代了"国文""国语",作为这一门课程的称谓正式登上历史舞台。该教学计划不仅规定了课程的体系结构,而且规定了各科目的内在结构,明确了构成每一个科目的主要内容、每一部分内容的课时数以及实施的时间。该教学计划规定的高中阶段教学总时间为7200个课时。语文、数学和外语等3门课程分量较重,分别占课时总量的17.78%、16.66%和13.33%。

第二次课程改革以1953年3月颁布实行《中小学教学大纲(草案)》为标志,实行了全国统一的教学计划、教学大纲、教科书,第一次制定了统一的课程政策,制定颁发了两套全国通用的教学大纲和教材。

第三次课程改革以中共中央 国务院1958年颁布的《关于教育工作的指示》为标志,文件明确了党的教育工作方针,提出了在一切学校中,必须进行马克思列宁主义的政治教育和思想教育,培养教师和学生的工人阶级的阶级观点等,把生产劳动列为正式课程。此次课程改革的主要特征是强调教育与生产劳动相结合。

第四次课程改革开始于1963年,教育部颁布《全日制中小学教学计划(草案)》,对文化课、政治课和生产知识课,对教学、生产劳动和假期都进行了统一安排,该计划一直沿用到"文化大革命"开始。1964年初毛泽东发表了关于中小学教育的"春节讲话",提出学制、课程、教学方法都要改,随后又作出课程可以减少的批示,根据这些批示,教育部发出了《关于调整和精简中小学课程的通知》。

第五次课程改革以1978年教育部颁发的《全日制十年制中小学教学计划试行(草案)》和全日制十年制学校中小学各科教学大纲(试行草案)为标志。其中强调教学要为实现我国四个现代化培养又红又专的人才打好基础;提出教材编写原则:精选基础知识,加强"双基"训练,注重智力培养。1978年秋季,小学、初中、高中的起始年级用上了新教材,1980年第五套教材全部编写完毕。

第六次课程改革以教育部1981年颁布的《全日制六年制重点中学教学计划(试行草案)》(主要适用于重点中学和条件较好的中学),以及《全日制五年制中学教学计划(试行草案)的修订意见》(主要适用于尚未过渡为六年制的重点中学和条件比较好的中学)为标志。这次改革有几个重要内容:在课程类型上,高中开设了选修课;在课程门类上,开设了包括选修课与劳动技术课在内的12门课,恢复了以学科课程为主的课程结构;在各科课时比例上,延续了中华人民共和国成立后重理轻文的倾向。

第七次课程改革以1990年颁发的《现行普通高中教学计划的调整意见》为标志,1996年又正式印发《全日制普通高级中学课程计划(试验)》,将教学计划更名为课程计划。经过这次改革,高中的课程结构得到了优化,在学生学习必修课程的基础上,开设了限定选修学科和任意选修学科,在学科课程之外,增设活动课程、课外活动和社会实践活动,以满足不同学生的发展需要。

第八次课程改革以2000年教育部颁布的《全日制普通高级中学课程计划(试验修订稿)》为标志,该文件在1996年课程计划的基础上强化了课程结构的多样性,并在必修课中增加了"综合实践活动",在选修课中加大了地方和学校的作用。普通高中课程标准的修订工作也在进行中,可以说高中阶段的课程改革大幕已经拉开。[①]

二、近年来普通高中课程改革的重要举措

(一)深入推进课程改革,落实立德树人

为把党的十八大和十八届三中全会关于立德树人的要求落到实处,充分发挥课程在人才培养中的核心作用,进一步提升综合育人水平,更好地促进各级各类学校学生全面发展、健康成长,2014年3月《教育部关于全面深化课程改革

---

① 张湘韵.我国高中课程改革的历史回顾与现实困境[J].中国科教创新导刊,2013(8):6—7.

落实立德树人根本任务的意见》出台。这个文件的颁布,标志着新一轮基础教育课程改革进入全面深化阶段。文件对立德树人的内涵作出了明确的规定,指出立德树人是发展中国特色社会主义教育事业的核心所在,是培养德智体美全面发展的社会主义建设者和接班人的本质要求。该文件对课程的重要意义也给予明确,指出课程是教育思想、教育目标和教育内容的主要载体,集中体现国家意志和社会主义核心价值观,是学校教育教学活动的基本依据,直接影响人才培养质量。文件还指出,全面深化课程改革,整体构建符合教育规律、体现时代特征、具有中国特色的人才培养体系,建立健全综合协调、充满活力的育人体制机制,落实立德树人根本任务,是贯彻党的十八大和十八届三中全会精神的重大举措,是提高国民素质、建设人力资源强国的战略行动,是适应教育内涵发展、基本实现教育现代化的必然要求,对于全面提高育人水平,让每个学生都能成为有用之才具有重要意义。

(二)细化学科核心素养,修订课程标准

推进普通高中课程标准修订工作,着力构建以学生发展核心素养为统领的普通高中课程体系。研究制定学生发展核心素养体系和学业质量标准。要根据学生的成长规律和社会对人才的需求,把对学生德智体美全面发展总体要求和社会主义核心价值观的有关内容具体化、细化,深入回答"培养什么人、怎样培养人"的问题。教育部在总体设计的基础上提出各学段学生发展核心素养体系,明确学生应具备的适应终身发展和社会发展需要的必备品格和关键能力,突出强调个人修养、社会关爱、家国情怀,更加注重自主发展、合作参与、创新实践。研究制定中小学各学科学业质量标准和高等学校相关学科专业类教学质量国家标准,根据核心素养体系,明确学生完成不同学段、不同年级、不同学科学习内容后应该达到的程度要求,指导教师准确把握教学的深度和广度,使考试评价更加准确地反映人才培养要求。各级各类学校要从实际情况和学生特点出发,把核心素养和学业质量要求落实到各学科教学中。

2017年版的《普通高中课程方案》在提炼学科核心素养、研制学业质量标准、深化和促进高考改革等方面取得了突破性进展。在课程目标中融入学生发展核心素养;细化学科课程标准,研制基于核心素养的学业质量要求;在课程实

施方面,以基于核心素养的学业质量标准改善课堂上教师"教"与学生"学"。普通高中课程标准在研制过程中,充分吸纳了国际以及我国台湾和香港地区的经验。同时,借鉴了英国的经验,在课程标准内容的选择上,既依据学科体系,同时又以学生核心素养的培养为准则,遵循从基础教育的总体课程目标到各学科的教育目标再到各学科培养学生所应具备的核心素养的建构逻辑;借鉴了美国的经验,建构了各学科的核心素养模型;借鉴了澳大利亚的经验,在强调各学科根据本学科的独特价值培养学生的学科核心素养的基础上,更强调跨学科核心素养的培养。

(三)规范学校课程管理,实现赋权增能

各地教育行政部门和学校要全面落实基础教育国家课程方案,要将综合实践活动、技术、音乐、美术、体育等课程开设情况作为考核学校教学工作的重要内容。各地教育行政部门要做好地方课程和学校课程的规范管理和分类指导。进一步落实学校在教学进度安排、教学方式运用和教学评价实施等方面的自主权。建立普通高中学生发展指导制度,指导学生学会选择课程,做好生涯规划。教育部建立课程实施监测制度,定期对课程实施和教材使用情况进行评估,修改完善课程标准和教材。各地要根据监测结果,加强和改进课程实施工作。

(四)加强课程实施创新,推行选课走班

探索让学生选课走班的学习形式。变革传统的在固定教室上课的模式,取而代之的是,学生按照自己选择的课程,携带学习资料和用品,按时到相应的学科教室上课。学校各学科分类别、分层次设计可供不同发展潜能学生选择的课程内容,同时在教学资源配置、教材建设、课时设置、学分制度、学生管理、教师评价等方面进行了创新。

(五)丰富课程样态,满足学生个性发展

鼓励学校建构丰富多元的课程,引导学生全面成长,促进学生个性发展。如有的学校构建了包括基础课程、德育课程、丰富性课程、个性化课程和延展性课程等五类课程的课程体系,丰富了学校课程的样态。全面落实以学生为本的

教育理念。各地要组织开展育人思想和方法研讨活动,将教育教学的行为统一到育人目标上来。要在发挥各学科独特育人功能的基础上,充分发挥学科间综合育人功能,开展跨学科主题教育教学活动,将相关学科的教育内容有机整合,提高学生综合分析、解决问题的能力。充分利用现代信息技术手段,改进教学方式,满足学生个性化学习需求。强化教学的实践育人功能,确保实践活动占有一定课时或学分。实施"实践育人共同体建设计划",建立一批青少年社会主义核心价值观实践基地,充分发挥社会实践的养成作用,引导学生在服务他人、奉献社会中升华对社会主义核心价值观的认知和理解。中小学要探索把课堂教学与社区服务、研究性学习与社会实践相结合的途径和方法。要将"爱学习、爱劳动、爱祖国"教育融入相关学科的日常教学活动中,培养学生学习兴趣、养成劳动习惯、坚定爱国信念,将个人成长成才与投身实现中华民族伟大复兴中国梦的实践紧密相连。各地要启动实施一批教学改革项目,激发学校和教师创新育人方式方法。

三、普通高中课程改革的成就与问题

2003年,教育部印发的普通高中课程方案和课程标准实验稿,对普通高中的课程改革进行了系统化的设计,指导了十余年的普通高中课程改革实践。十多年间,普通高中课程改革坚持正确的改革方向,秉持先进的教育教学理念,促进我国普通高中教育理念更新,推动人才培养模式改革,促进教师的专业化水平提升,推动普通高中招生考试改革,可以说,为我国普通高中教育的高质量发展做出了积极的贡献。与此同时,面向新时代的普通高中课程改革,在坚持立德树人导向的前提下如何深入推进,仍然是亟待解决的问题。

(一)普通高中课程改革取得的成就

1.普通高中课程改革的理念变革

使所有学生和学校都成功,成为普通高中课程改革的基本理念。普通高中教育实现了从精英教育向大众教育的转化,高中教育不再是只为少数精英服务的教育,教育的基本目的是促进所有学生的发展,使所有学生都能成功。这种转化使所有的学校都能根据自身的特点和优势,成为促进所有学生成功的优质高中。

2. 普通高中课程标准的修订完善

修订课程方案和课程标准。依据学生发展核心素养体系,进一步明确各学科具体的育人目标和任务,完善课程教学有关标准。课程方案和标准要增强思想性,有机融入社会主义核心价值观的基本内容和要求,全面传承中华优秀传统文化,弘扬社会主义法治精神,充分体现民族特点,培养学生树立远大理想和崇高追求,形成正确的世界观、人生观、价值观。要增强科学性,客观反映人类探索自然和社会发展的规律,确保课程内容严谨准确。要增强时代性,充分体现先进的教育思想和教育理念,根据社会发展新变化、科技进步新成果,及时更新教学内容。要增强适宜性,各学科的学习内容要符合学生不同发展阶段的年龄特征,紧密联系学生生活经验。要增强可操作性,进一步明确培养目标、教学内容,充实学业质量要求,对教学实施、考试评价提出具体建议。要增强整体性,强化各学段、相关学科的纵向有效衔接和横向协调配合。

教育部在总体设计的基础上,先行启动普通高中课程修订工作。合理确定必修、选修课时的比例,打牢学生终身发展的基础,增加学生选择学习的机会,满足持续发展、个性发展需要。坚持知行统一原则,加强职业体验、社会实践等方面的课程建设。进一步精选课程内容,科学确定课程容量和难度。省级教育行政部门和学校要依据修订后的基础教育国家课程方案和课程标准,调整完善地方课程和学校课程。

3. 普通高中课程样态的丰富多元

各地在推动普通高中多样化发展的过程中,经过不断探索和实践,涌现出了一批勇于改革、科学规划、措施有力、成效显著的课程示范区和示范校,形成了一批文化内涵丰富、学科优势明显、活动富有创意的特色高中。例如,北京市十一学校构建了一套包括265门学科课程、30门综合实践课程、75门职业考察课程的分层、分类、综合、特需相结合的课程体系,努力适应学生个性差异和选择需要。

4.多向互动的普通高中课程实施观

课程实施过程中,要根据学生的学习经验、发展需要和学科群的发展情况规划学生学习的范围。课程实施体现课程综合化的思想,避免了传统学科课程之间相互隔离的状况,加强了不同学科领域之间的联系,关照了学生的发展和经验。

5.树立人本取向的普通高中课程价值观

普通高中课程改革的价值取向从关注知识和分数向关注人的发展、人的生命和生活意义转变,概言之,普通高中课程改革的价值取向发生了明显的人本转型。学生根据自己的兴趣、爱好等,在学校提供的课程中选择适合自己的课程,自行拟订自己的学习计划,学生自主选课和自订学习计划是学生主体性提升的表现。自订学习计划有助于学生提高学习的兴趣和养成自我决定发展的意识。

(二)深化普通高中课程改革面临的问题

研究发现,各级教育行政部门以及学校对于普通高中课程改革的意义和任务都有较为清晰的认识,对普通高中课程改革的各项工作也都进行了全面的统筹和部署。大部分高中学校为推动课程改革,在组织机构、管理制度、师资培训等方面都做了调整和完善;在通用技术、综合实践活动等课程设置上有了初步的设想和安排,配备通用技术教室,抽调专职教师,从硬件上、师资上基本能保证通用技术课的开设。广大教师对新课程结构、学科课程标准和学科教材都把握得较为准确,在一定程度上稳步推进了新课程的实施。更为可喜的是,有些经济相对落后的地区,在整体谋划普通高中发展、积极探索办学模式多样化、突出办学特色等方面做了大量的工作,这种办学思想符合高中课程改革的要求,符合国家大力倡导的发展特色高中的办学思路。有些区县中学、农村中学、城市普通高中的管理者和一线教师能够深入学习,认真钻研,敢于创新,确立与新课程相适应的教育理念。他们认识到这次课程改革是谋划普通高中教育发展的良机,认识到课程实施、课堂教学是课程改革中具有实质意义的环节;他们办学目标明确,工作思路清晰,在校园文化建设、管理制度建设、学科课程建设、校本课程研发、课堂教学模式创新、学业评价改革、校本教研活动开展等方面都有大胆的探索与实践,普通高中课程改革已经开始显现其蓬勃生机,教育教学成果显著。毋庸置疑,这次课程改革涌现了一批勇于创新、特色鲜明、发展全面的办学典型普通高中。

但是,调研中也发现,有些普通高中学校的管理者把课程改革等同于课堂教学改革,对新课程理念认识不清晰,导致普通高中课程改革在一些方面并未落到实处。例如,新课程方案的内容并没有结合学校实际,导致运行起来困难重重或流于形式;在教育教学管理制度的落实上,缺乏行之有效的机制;在课程设置上,学校考虑到升学率,仍过分增加高考科目的课时,压减选修课的内容,没有体现课程设置的多样性、个性化;课堂教学力图通过导学案、小组合作学习的方式进行,但也遇到导学案的问题设置、训练内容是否科学、是否能真正实现高效课堂等困惑;学业评价上,基本上仍是以考定分,缺失过程性评价;校本教研仍在低层次、低水平徘徊,缺乏专业引领,尤其是在新高考制度背景下,普通高中面临着选课走班、分层教学等问题。在中西部地区、集中连片特困地区和民族地区,这些问题暴露得更加明显。

四、普通高中课程建设的对策与建议

为实现2020年普及高中阶段教育的目标,高中阶段的课程改革也必须努力探索新的方法和途径。2013年,教育部启动了普通高中课程方案和课程标准修订工作。本次修订深入总结了21世纪以来我国普通高中课程改革的宝贵经验,充分借鉴了国际上先进的课程改革经验,努力将普通高中课程方案和课程标准修订成既符合我国实际情况,同时又具有国际视野的纲领性教学文件,从而建构起具有中国特色的普通高中课程体系。在这一背景下,普通高中新课程改革,需要在以下几个方面做好工作。

(一)找准普通高中学校发展定位,明确办学思路

2017年版《普通高中课程方案》里明确指出,普通高中教育是在义务教育基

础上进一步提高国民素质、面向大众的基础教育。普通高中教育的任务是促进学生全面而有个性的发展，为学生适应社会生活、高等教育和职业发展做准备，为学生的终身发展奠定基础。普通高中课程建设坚持全面贯彻党的教育方针，落实立德树人根本任务，发展素质教育，推进教育公平，努力构建具有中国特色、体现国际发展趋势、充满活力的课程体系，培养德智体美全面发展的社会主义建设者和接班人。

当前，制约普通高中课程改革向纵深发展的最大障碍仍然是分数，对高考分数和高考升学率的过分追求，严重阻碍了普通高中教育的创新和发展。《国家中长期教育改革和发展规划纲要（2010—2020年）》在"高中阶段教育"部分明确提出今后普通高中的发展是：第一，多样化发展；第二，特色发展；第三，全面发展和有个性的发展。因此，普通高中教育要满足不同学生的不同要求，必须运用多元评价方法，不能单纯追求高考升学率。升学率只是一个结果，而不能作为唯一的目标，传统的"千人一面"的教育模式无视学生的学习兴趣，容易扼杀学生的创新精神。普通高中教育的培养目标是使每一个学生都能全面地发展、有个性地发展。要培养出社会需要的各种人才，就必须避免"同质化"倾向，要走多重内涵发展的道路。例如，可以尝试与职业高中联合试行"2+1"模式的新型综合高中教育，探索形成高中教育"立交桥"模式；可以在总结我国以外语、艺术、体育等为特色的普通高中学校办学经验的基础上，进一步拓展特色办学思路，创建特色普通高中；还可以凭借独树一帜的校本课程，确立特色课程建设在普通高中多样化办学中的主体地位等。普通高中学校要针对学校办学条件、师资水平、学生基础、学生需求等，努力创新多样化的办学模式，寻求多元优质发展的办学思路。

（二）创建具有鲜明特色的普通高中学校课程体系

普通高中课程改革的特点之一是实行国家、地方、学校三级课程管理。《普通高中课程方案（实验）》中指出："学校应加强课程资源建设，充分挖掘并有效利用校内现有课程资源。同时，大力加强校际之间以及学校与社区的合作，充分利用职业技术教育的资源，努力实现课程资源的共享。"课程开发作为普通高中课程改革的热点之一，是建设素质教育课程体系的一个新课题，也是课程改革的一个重要组成部分。课程研发可以使地方和学校真正拥有选择权，使学校能够更好地体现办学特色。课程开发的总体目标应定位于：立足学校实际，构建办学特色，挖掘教师潜力，利用一切资源，满足学生需求。普通高中学校在执行国家和地方课程的同时，应结合本校的传统和优势、学生的兴趣和需要，开发或选用适合本校的课程，将课程开发与建设作为普通高中课程改革的重要内容，精心规划，制订切实可行的方案，因地制宜开发出各具特色的校本课程，力争做到校本课程开设常态化，能够满足学生的发展需求，提高教师的课程意识，实现学校的课程创新，彰显办学特色，增强办学活力，更好地实现教育目标。

把立德树人根本任务融入普通高中各学科教学中，融入思想道德教育中，融入社会实践教育各个环节中，进一步强化德育、美育、体育和劳动教育，注重培养学生的创新思维和实践能力。用好统编三科教材，完善德智体美劳全面育人体系，有效保障普通高中改革发展需要的师资和办学条件，基本形成普通高中多样化、有特色发展的格局。加强德育建设，深入开展理想信念教育，进一步加强优秀传统文化教育，加强中国近现代史教育，深入开展社会主义核心价值观教育，以使学生树立为中华民族伟大复兴而努力学习的远大志向。进一步改进科学文化教育，统筹课内学习与课外实践，不断丰富学生学习资源和载体，推进书香校园建设，不断提升学生的人文与科学素养。进一步加强体育锻炼，普通高中按照课程标准要求，开齐开足体育课程，积极开展校园体育活动，培养学生的体育兴趣和运动习惯，培养学生的坚强意志和拼搏精神。进一步加强美育教育，开设好美术课、音乐课，积极开展舞蹈、戏剧、影视等艺术活动，培养学生的审美情趣和能力，培养学生美好的心灵。重视劳动教育，保障劳动教育课时，开展多样化的实践活动，开展校园劳动教育，开展学工学农以及志愿服务等活动，开设好综合实践活动和通用技术课程，让学生养成爱劳动、会劳动、愿劳动的能力和品质。

（三）探索基于新高考的普通高中课程改革

《国务院关于深化考试招生制度改革的实施意见》主旨在于扭转片面应试

教育倾向,深入推进素质教育,培养高素质人才。新高考制度下,普通高中课程建设要在前期选修课走班的基础上,全面推进必修课全面而实质性的走班,也必须要求学生学会选择、规划人生,对教学实施和学生管理也提出了更新更高的要求。实施新高考方案,统筹学校课程,旨在促进学生全面而有个性的发展。新高考制度下,必须对学校课程改革的价值功能进行重新审视,立足学生发展,站在学生的立场思考问题,尊重学生的人格;必须坚持现代课程观,正确处理课程综合整体设计与考试招生制度改革的重点的关系、学生夯实基础与发展个性特长的关系;必须体现普通高中教育的基础性、选择性、时代性特征,立足现实,面向未来,形成新思路、新举措,防止实践中正在出现的"应付""追求"现象,或新瓶装旧酒等问题。

进一步完善综合素质评价,把综合素质评价作为发展素质教育、转变普通高中育人方式的重要制度,强化其对促进学生全面发展的重要导向作用。要坚持对学生进行全面评价,包括思想品德、学业水平、身心健康、艺术素养和社会实践等方面,进一步强化对学生爱国情怀、自我管理、与人合作、劳动实践、创新思维、志愿服务等方面的评价,加快建立普通高中学生综合素质评价信息管理系统,建立统一的综合素质评价标准,完善信息确认、公示投诉、申诉复议、记录审核等保障制度以及不诚信追责制度。学校要客观、真实地记录学生的突出表现,认真组织开展有关活动,鼓励学生积极参与,并充分展现自身的综合素质,杜绝功利化行为和形式化做法。

(四)通过课程的灵活设置实现普通高中的多样化发展

我国地域辽阔,各地经济与社会发展水平各不相同,高中建设的目标追求也应该有所不同。从实际情况来看,各个普通高中所在位置、历史传统、校风校纪、校容校貌等方面并不相同,重点学校或"示范"学校与薄弱学校之间、新学校与老学校之间存在差别,在管理方式、教学方法、办学理念等方面也存在很大差异。每个学校的校园面积、建筑风格、校园环境等方面也各不相同。因此,普通高中的发展只能是基于多样化校本课程的多样化发展,不能是千篇一律、整齐划一的发展。有的学校通过开发技艺特长类课程实现特色发展,有的学校通过开发实用技术类课程实现特色发展,有的学校通过开发学术知识延伸类课程实现特色发展。只要每个学校都能开发出具有自己特点的校本课程,那么,也就具有了自己的特色,多样化、有特色的发展目标也就有可能实现。

  全面推进新课程建设,认真组织新课程培训,加快新教材使用。各地要基于实际情况,稳步推进新高考改革,确定本土化的普通高中发展方案,为2022年前全面实施新课程、使用新教材提供坚实的保障。学校要严格按照国家课程标准的要求,制订符合学校办学理念的课程实施计划,统筹安排三年各学科的课程,协调好必修课程、选择性必修课程和选修课程之间的关系,积极推进普通高中多样化、有特色发展。学校要从实际出发,立足自身的文化传统、师生特点以及办学条件等,找准特色化发展的途径和策略,满足学生不同的发展需求,严格执行普通高中学分认定管理制度,落实学校校长主体责任制度,建立规范有序、科学高效的学校运行机制。

第八章
普通高中教师队伍建设
进入"新篇章"

百年大计,教育为本;教育大计,教师为本。教师是教育的第一资源,有好的教师,才有好的教育。加强教师队伍建设,是教育的先导性工程,也是整个经济社会发展的基础性工程。高中教师的质量直接影响学生基础教育的质量,对学生人生发展产生重要影响。因此,高中教师队伍建设是基础教育教师队伍建设的重要一环。2018年初,我国第一个专门面向教师队伍建设的里程碑式的政策文件——《中共中央 国务院关于全面深化新时代教师队伍建设改革的意见》正式出台,成为新时代教师队伍建设改革的纲领性文件。由此,我国教师队伍建设开启了新的征程。

一、强化师德建设,以德施教敢垂范

教师是教育之本,师德是教师之本。党的十八大以来,习近平总书记在关于教育工作的系列重要讲话中,把师德师风建设作为提升新时代教师素质、办好人民满意教育的首要任务,先后用"大先生""筑梦人""系扣人""引路人"等表达对广大教师的殷切期望,并提出"三个牢固树立""四个标准""四个引路人""四个相统一"等师德建设标准和要求。高中教师要为人师表,以德立身、以德立学、以德施教,以健康乐观、积极向上的精神风貌影响学生。

2015年,《教育部关于印发〈严禁中小学校和在职中小学教师有偿补课的规定〉的通知》指出,对于在课堂上故意不完成教育教学任务、课上不讲课后讲并收取补课费的,以及打击报复不参与有偿补课学生等严重违纪、败坏师德的行为要重点查办,实行"零容忍"。2018年,教育部印发的《中小学教师违反职业道德行为处理办法(2018年修订)》规定如下违反职业道德的行为将被处理：在教育教学活动中及其他场合有损害党中央权威、违背党的路线方针政策的言行；通过课堂、论坛、讲座、信息网络及其他渠道发表、转发错误观点，或编造散布虚假信息、不良信息；违反教学纪律，敷衍教学，或擅自从事影响教育教学本职工作的兼职兼薪行为；歧视、侮辱学生，虐待、伤害学生；……这些行为将受到警告、记过、降低岗位等级或撤职、开除等处分，或受到批评教育、诫勉谈话、责令检查、通报批评，以及取消在评奖评优、职务晋升、职称评定、岗位聘用、工资晋级、申报人才计划等方面的资格。这是扎实推进《中共中央 国务院关于全面深化新时代教师队伍建设改革的意见》的实施，进一步加强师德师风建设的重要举措。在国家政策的指引下，各地积极进行师德建设，涌现出了一批师德建设卓有成效的学校。

江西省鹰潭第一中学以加强社会公德、职业道德、家庭美德和个人品德建设为主线，以"身边人讲身边事、身边人讲自己事、身边事教身边人"为基本形式，建立起覆盖全校的"道德讲堂"网络。学校制定具体实施方案，明确工作目标，细化工作措施，量化讲堂数量，把握工作进程，确保道德讲堂工作真正落实到位。坚持"七个一"规范模式，每一场讲堂要求师生做一次自我反省、唱一首主题歌曲、看一部短片、诵一段经典、讲一个故事、作一番点评、向"德"鞠一次躬，使道德讲堂具有仪式感、肃穆感。认真做到"六有"，即：有标识，营造文化氛围；有机构，组织领导机构健全；有队伍，学校组织评选优秀党员、优秀教育工作者、优秀班主任和优秀教师，由他们"挂牌上岗"做宣讲员；有场地，设有专门的场所；有流程，按照"七个一"模式有序进行；有实效，参与者有感悟、受教育，得到提高。通过开展"道德讲堂"活动，用身边事教育身边人，传递正能量，弘扬传统美德，引导师生不断提升道德素养，形成从现在做起，从点滴做起的良好师德风尚。[①]

四川省名山中学以师德巡礼活动为契机，大力弘扬"修身敬业、为师为范"的教风和"负重自强、乐于奉献、勇于创新"的名山精神，树立了良好的师德形象。他们的做法主要有：一是发挥党员干部模范作用。积极组织开展党员"三

[①] 教育部办公厅关于公布师德建设优秀工作案例的通知．附件：全国师德建设优秀工作案例《江西省鹰潭第一中学以道德讲堂引领师德建设》．http://www.moe.gov.cn/srcsite/A10/s7002/201701/t20170112_294668.html．

带头三联系三领先"活动,要求全校党员争做爱岗敬业、关心关爱学生、提高教学质量和顾全大局的"四个模范"。二是建立师德建设长效机制。把师德师风建设和教育教学工作同部署、同检查、同落实、同考核。开展"百名教师访千家"活动,形成家校教育合力,促进学生成长。三是不惧大灾弘扬教师大爱。通过接受表彰、参加巡回报告等方式,将学校优秀教师事迹广为传播,产生了积极影响,传递了教师正能量。[①]

新疆生产建设兵团第二中学结合开展"争做具有新疆特色的好老师"主题活动,扎实推进师德建设各项工作。他们的做法主要有:一是加强理想教育,做有历史责任感的好老师。组织党员教师开展讲座、参观革命教育基地等多种形式的学习活动,带领全校教师提高自身历史责任感。二是强化法制教育,做为人师表的好老师。三是激发仁爱之心,做立德树人的好老师。坚持全员育人、全方位育人、全过程育人,倡导教师在点滴中关怀、引导学生,用自身的人格魅力引领学生形成正确的世界观、人生观、价值观。四是增强专业技能,做专业过硬的好老师。利用教科研活动,组织青年教师专业技能大赛,组织学科带头人开设公开课、展示课,深化教师的专业技能,在教师不断学习自身专业知识的过程中强师能,铸师德。[②]

下一步,国家要从完善师德建设长效机制,提高师德水平方面下功夫。进一步推动各地高中建立师德建设长效机制,健全师德年度评议制度、师德问题报告制度、师德状况定期调查制度、师德舆情快速反应制度、师德行为查处制度,把教师失德行为关进制度的笼子里。同时,通过多种形式展示"四有"好老师风采,引导教师重德养德。

二、狠抓教师培养,提升实践向卓越

教师教育是教育事业的"工作母机",是提升教育质量的动力源泉。大力提

[①] 教育部办公厅关于公布师德建设优秀工作案例的通知.附件:全国师德建设优秀工作案例《四川省名山中学危难时刻彰大爱,砥砺奋进显师德》.http://www.moe.gov.cn/srcsite/A10/s7002/201701/t20170112_294668.html.
[②] 教育部办公厅关于公布师德建设优秀工作案例的通知.附件:全国师德建设优秀工作案例《新疆生产建设兵团第二中学开展"争做具有新疆特色的好老师"主题活动》.http://www.moe.gov.cn/srcsite/A10/s7002/201701/t20170112_294668.html.

高教师培养质量成为我国教师教育改革发展最核心、最紧迫的任务。

(一)实施卓越教师培养计划,打造卓越优质师资

针对教师培养的适应性和针对性不强、课程教学内容和教学方法相对陈旧、教育实践质量不高、教师教育师资队伍薄弱等突出问题,为推动教师教育综合改革,全面提升教师培养质量,教育部于2014年发布了《关于实施卓越教师培养计划的意见》,开始实施卓越教师培养计划。通过计划实施,建立高校与地方政府、中小学协同培养新机制,培养一大批师德高尚、专业基础扎实、教育教学能力和自我发展能力突出的高素质专业化中小学教师。卓越中学教师培养计划,重点是探索本科和教育硕士研究生阶段整体设计、分段考核、连续培养的一体化模式,培养一批信念坚定、基础扎实、能力突出,能够适应和引领中学教育教学改革的卓越中学教师。

中国特色社会主义建设进入新时代,建设高素质教师队伍显得更加急迫。《中共中央 国务院关于全面深化新时代教师队伍建设改革的意见》提出:推进教师培养供给侧结构性改革,为高中阶段教育学校侧重培养专业突出、底蕴深厚的研究生层次教师。2018年3月,教育部等五部门印发了《教师教育振兴行动计划(2018—2022年)》,其中提出:经过5年左右努力,办好一批高水平、有特色的教师教育院校和师范类专业,教师培养培训体系基本健全,为我国教师教育的长期可持续发展奠定坚实基础。同年,教育部发布《关于实施卓越教师培养计划2.0的意见》,提出:经过5年左右的努力,办好一批高水平、有特色的教师教育院校和师范专业,师德教育的针对性和实效性显著增强,课程体系和教学内容显著更新,以师范生为中心的教育教学新形态基本形成,实践教学质量显著提高,协同培养机制基本健全,教师教育师资队伍明显优化,教师教育质量文化基本建立。

(二)强化教育实践,提高师范生培养质量

针对我国师范生教育目标不够清晰、内容不够丰富、形式相对单一、指导力量不强、管理评价和组织保障相对薄弱等问题,2016年,《教育部关于加强师范生教育实践的意见》出台,力求提高师范生的社会责任感、创新精神和实践能

力,全面提升教师培养质量。国家相继出台提高教师培养质量的相关政策,各地师范院校努力改革,不断创新,涌现出许多各有特色的实践举措。

东北师范大学于2013年启动了全日制教育硕士培养综合改革。[①]改革以培养能引领基础教育创新发展的卓越教师和未来教育家为目标,以"创造的教师教育"理念为引领,以提升理论素养、发展关键能力为重点,通过创新培养模式、改革课程与教学、优化实践方式以及建立"卓越教师培育试验区"等改革举措,优化了培养过程与环节,提升了培养质量。

2016年,浙江省发布中小学教师队伍建设"十三五"规划,其中所明确的六大建设任务中有两个为师范生培养和教师培养培训基地建设。规划提出,鼓励高校采用"三位一体"自主招录乐教适教的师范生,建设25个卓越教师培养计划改革项目、100门省级重点教师教育精品课程和特色课程、1000所教师发展学校。[②]

2018年9月25日,福建省政府召开新闻发布会,提出师范院校要重点发展师范教育,师范类在校生原则上不低于三分之一,以市为主管理的本科高校要把保障基础教育师资培养作为办学重点之一。要加大对师范教育支持力度,加强师范教育经费省级统筹,师范专业生均拨款标准比同类非师范专业上浮50%。[③]

陕西师范大学创新基础教育教师培养,通过构建本硕博一体化卓越教师培养模式、优先建设教师教育学科专业、深入开展教师教育研究,以及加强教师教育师资建设等途径,提高基础教育未来教师质量,为基础教育提供重要的师资保障。[④]

我国初步形成了以国家教师教育示范基地为引领、师范院校为主体、高水平综合大学参与、教师发展中心为纽带、优质中小学为实践基地的开放、协同、联动的现代教师教育体系。

---

① 东北师范大学全日制教育硕士培养综合改革取得初步成效[EB/OL].[2017-05-27].http://www.moe.gov.cn/s78/A22/moe_847/201705/t20170527_306041.html.[2019-08-01].
② 蒋亦丰.浙江:将建1000所教师发展学校推进教师队伍建设[N].中国教育报,2016-11-01(3).
③ 龙超凡.福建加大师范教育支持力度——对师范类专业扩大招生、上浮生均拨款标准[N].中国教育报,2018-09-26(1).
④ 陕西师范大学创新基础教育教师培养[EB/OL].[2018-05-18].http://www.moe.gov.cn/jyb_xwfb/s6192/s133/s217/201805/t20180518_336432.html.[2019-08-01].

三、创新教师培训,与时俱进强能力

近几年来,通过继续实施"国培计划"、研制教师信息技术应用能力标准等措施,不断提升教师培训的质量和水平。

(一)继续实施"国培计划",提升教师校长能力水平

以重大项目为示范提升培养培训水平,是近年来中小学教师培训的一项重要举措。2014年,《教育部办公厅 财政部办公厅关于做好2014年中小学幼儿园教师国家级培训计划实施工作的通知》发布,要求继续实施"国培计划"。以按需设置培训项目、推进综合改革、推行混合式培训、强化项目管理为培训重点。"示范性项目"重点围绕推进综合改革、加强紧缺领域教师培训、创新完善教师网络研修、提升培训能力,开展教师培训工作。

2014年,国家启动了"中小学校长国家级培训计划"[1],全面推进校长培训改革。通过卓越校长领航工程、培训者专业能力提升工程,创新中小学校长培训模式,提高培训针对性、实效性。

2015年,全面改进中小学教师校长培训模式,推进网络研修社区建设试点,研制中小学幼儿园教师学分管理政策文件。继续实施"全国中小学教师信息技术应用能力提升工程",对260万中小学教师进行培训,同时推动信息技术应用创新实验区建设。深入实施边远贫困地区农村校长助力工程、特殊教育学校校长能力提升工程、卓越校长领航工程,着力推进名校长培养工作。

2016年,创新中小学教师培训模式,推进教师培训学分管理,激发教师参训动力。深入实施全国中小学教师信息技术应用能力提升工程,培训教师不少于200万人。推进名校长培养工作,造就更多的基础教育高层次人才。

2017年,出台中小学幼儿园教师、校长(园长)培训课程标准,指导各地、各培训机构诊断教师需求,改进教师培训内容,分层开展教师培训。出台乡村校长培训课程指南,提升乡村校长培训实效。研制高校新入职教师培训指南,引领推动各地各校做好相关培训。

---

[1] 教育部正式启动实施中小学校长国家级培训计划[EB/OL].[2014-06-26]. http://old.moe.gov.cn//publicfiles/business/htmlfiles/moe/s7234/201406/170875.html.[2019-08-01].

(二)加强培训课程标准建设,提升教师应用信息能力

随着教育信息技术不断推广,学校现代教育技术设备日益精良,教师能够利用现代教育技术手段提高课堂教学效率。但是,在高中教学实践中,一些教师对教育信息技术的使用还处在较低层次,基本上还是按传统的课堂教学模式进行教学。因此,提高中小学教师的教育信息技术应用能力,让他们更好地掌握教育信息技术并运用到教育教学中,成为当前亟待解决的问题。

2014年,为指导各地组织实施中小学教师信息技术应用能力提升工程,规范引领教师信息技术应用能力培训课程建设与实施工作,依据中小学教师信息技术应用能力标准,教育部办公厅发布了《中小学教师信息技术应用能力培训课程标准(试行)》。该课程标准依据能力标准对中小学教师信息技术应用能力的基本要求和发展性要求,设置"应用信息技术优化课堂教学""应用信息技术转变学习方式"和"应用信息技术支持教师专业发展"3个系列的课程,共27个主题,帮助教师提升信息技术素养,应用信息技术提高学科教学能力、促进专业发展。

为了贯彻落实国家相关培训政策,各地积极实践,努力创新。2016年,浙江省发布了中小学教师队伍建设"十三五"规划,其中明确的六大建设任务中有三大任务涉及教师培训,即教师专业发展培训、骨干教师队伍建设、教师培养培训基地建设等。规划提出,建立1000所教师发展学校。教师专业发展将建立培训学分制管理制度,实施"教育硕士培养计划"和"工程硕士培养计划"。遴选500名校长、1500名骨干教师参加第二轮"浙派名师名校长培养计划",使10%以上的高中学段专任教师和3%以上的义务教育学段专任教师拥有国外学习培训经历。[①]

四、优化教师管理,助推教师专业发展

《中共中央 国务院关于全面深化新时代教师队伍建设改革的意见》提出,完善中小学教师准入和招聘制度,深化中小学教师职称和考核评价制度改革;

---

① 蒋亦丰.浙江:将建1000所教师发展学校推进教师队伍建设[N].中国教育报,2016-11-01(3).

适当提高中小学中级、高级教师岗位比例,畅通教师职业发展通道;推行中小学校长职级制改革,拓展职业发展空间,促进校长队伍专业化建设;进一步完善职称评价标准,建立符合中小学教师岗位特点的考核评价指标体系;实行定期注册制度,建立完善教师退出机制,提升教师队伍整体活力。

(一)出台专业标准,助推高中校长专业发展

人们常说,一个好校长就是一所好学校,教育家陶行知也说:校长是一所学校的灵魂。校长的思想、品质、学识和管理能力影响着一所学校的发展。为推进普通高中校长专业发展,建设普通高中高素质校长队伍,落实立德树人根本任务,推动普通高中多样化发展,教育部于2015年印发了《普通高中校长专业标准》,规范引导校长专业发展。该标准提出高中校长要遵循以德为先、育人为本、引领发展、能力为重、终身学习的办学理念,明确了校长的道德使命、办学宗旨和角色定位,以及校长专业发展的实践导向和持续提升要求。在"规划学校发展""营造育人文化""领导课程教学""引领教师成长""优化内部管理""调适外部环境"等六个方面提出了专业要求。

(二)稳步推进教师资格制度改革

为全面实施中小学教师资格考试与定期注册制度,严把教师队伍入口关,不断提高教师队伍整体素质,2015年,《教育部办公厅关于进一步扩大中小学教师资格考试与定期注册制度改革试点的通知》提出进一步扩大中小学教师资格考试和定期注册改革试点范围。在浙江、湖北等15个省(区、市)试点基础上,新增13个省(区、市)为试点省份。其中北京、江西、河南、湖南、甘肃、青海、宁夏等7个省(区、市)于2015年秋季启动改革试点,天津、辽宁、黑龙江、广东、重庆、云南等6个省(区、市)于2016年春季启动改革试点。新增试点省份原则上选择1~2个地级市开展中小学教师资格定期注册试点。各试点省(区、市)要根据教育部印发的《中小学教师资格考试暂行办法》《中小学教师资格定期注册暂行办法》,积极做好中小学教师资格考试和定期注册改革的准备工作,研究出台本省(区、市)试点实施细则,使试点工作稳步推进。同年,《教育部办公厅关于

同意浙江省在全省范围实施中小学教师资格定期注册制度的意见》同意浙江省在全省范围实施中小学教师资格定期注册制度。

2016年,《教育部办公厅关于同意海南省进一步扩大中小学教师资格定期注册制度试点工作的意见》同意海南省进一步扩大中小学教师资格定期注册制度试点区域,在海口市开展中小学教师资格定期注册制度试点工作。2017年,《教育部办公厅关于同意福建等六省进一步扩大中小学教师资格定期注册制度试点工作的意见》同意福建、江西、河南、海南、云南、青海省进一步扩大中小学教师资格定期注册制度改革试点工作,其中,福建省、江西省在全省范围,河南省在安阳市、鹤壁市、焦作市、济源市、滑县、长垣县范围,海南省在三亚市、昌江县范围,云南省在昆明市呈贡区、大理州永平县、红河州弥勒市、临沧市沧源县范围,青海省在海东市、海北州、海南州及省直各中小学校范围开展中小学教师资格定期注册制度试点工作。

国家通过政策引领与行政支持,全面实施中小学教师资格考试与定期注册制度,并进行分区规划,分类指导。通过开展中小学教师资格考试和定期注册制度改革试点、完善中小学校领导人员管理体制、深化中小学教师职称制度改革等,激发了高中教师队伍活力。

(三)大力推进教师职称制度改革,拓宽教师职业发展通道

完善人才评价机制,深化职称制度改革,对于加强教师队伍建设,激励广大教师教书育人,吸引和稳定优秀人才长期从教、终身从教,具有重大意义。随着中小学人事制度改革的深入推进、素质教育的全面实施和教师队伍结构的不断优化,已有的中小学教师职称制度存在的等级设置不够合理、评价标准不够科学、评价机制不够完善、与事业单位岗位聘用制度不够衔接等问题逐渐显现出来。

为深化教育领域综合改革,切实加强中小学教师队伍建设,国家决定在全国范围全面进行中小学教师职称制度改革。人力资源和社会保障部、教育部于2015年印发了《关于深化中小学教师职称制度改革的指导意见》,其中提出:深化中小学教师职称制度改革围绕健全制度体系、拓展职业发展通道、完善评价

标准、创新评价机制、形成以能力和业绩为导向、以社会和业内认可为核心、覆盖各类中小学教师的评价机制，建立与事业单位岗位聘用制度相衔接的职称制度。将分设的中学、小学教师职称（职务）系列统一为初、中、高级；修订评价标准，注重师德、实绩和实践经历，改变过分强调论文、学历的倾向。通过改革，进一步拓宽中小学教师职业发展通道，激发中小学教师长期从教、终身从教的信心。

（四）强化教学实践，优化配置教师资源

为了助推高中学校一系列制度改革，各地在教师管理方面强化教师的教育教学实践能力，因地制宜，采取措施优化、均衡配置教师资源。推行一系列教师管理改革政策后，中小学教师管理更加规范、有序。

正高级评审中对教师的一线教学工作提出明确要求。海南省首次评选的正高级中小学教师中60%为校长，这实际上说明海南的中小学校长是从优秀一线教师中选拔的，获评校长仍在一线教学，职称评定既可选学科类也可选教育管理类。吉林省首批正高级中小学教师评选要求参评者长期在教育教学一线任教，兼任学校中层以上干部的教师授课时数不得少于本校专业教师标准工作量的一半。山东省潍坊市则要求参评者须获得过山东省教学能手称号，过去长期且最近3年连续在教育教学一线任教。陕西省宝鸡市发布了《陕西省宝鸡市中小学教师职称（职务）评审办法（试行）》以及相关文件，要求参评者须长期工作在教育教学第一线，除教学研究机构外，高中及职业中学文化课教师任现职以来年均完成教学工作量280学时以上，职业中学专业课教师完成280学时以上（其中实训指导课120学时以上），初中、小学的在300学时以上，教师进修学校的在160学时以上。[①]

2018年秋季学期，福建省泉州市泉港区教育局在泉港区三川中学等6所中小学开展教师"区管校聘"管理体制改革试点，重点推行教师全员工作岗位竞聘和技术职称竞聘，着力破解过去存在的"教师能进不能出、职称能上不能下"问题。据统计，6所试点学校在增加17个班级的情况下，教职工人数不仅未增加，

---

① 刘盾．中小学"教授"怎么评[N]．中国教育报，2014-03-18．

反而通过竞聘减少了26人,落聘者已被安排至其他学校工作。教师"区管校聘"改革试点已实现了"三个转变",即实现教师职业倦怠到自发进取的转变,实现学校因人设岗到因岗选人的转变,实现城乡师资差异到均衡配置的转变,"教师能进能出、职称能上能下"已悄然破冰。据了解,泉港区即将启动第二轮"区管校聘"工作,改革校数量将达到总数的一半以上。[1]

---

[1] 龙超凡.福建省泉州市泉港区探索教师能进能出、职称能上能下新机制——"区管校聘"搅活一池春水[N].中国教育报,2019-05-03(1).

第九章
高中阶段教育普及需注意质量提升

截至2018年,我国高中阶段教育普及率已达到88.8%,距《高中阶段教育普及攻坚计划(2017—2020年)》提出的到2020年,全国普及高中阶段教育,全国、各省(区、市)毛入学率均达到90%以上的总体目标已十分接近。但由于我国地区发展不平衡,中西部贫困地区、民族地区、边远地区和革命老区受经济社会发展水平制约,教育资源不足,普及程度较低,是高中阶段教育的低部,要达到90%的全面普及目标,时间紧、任务重,仍需攻坚克难。此外,高中阶段教育普及攻坚不仅仅是简单的数量的提升,更意味着质量的提高、高中教育吸引力的增强和人才整体素质的进一步提高。要实现"普通高中与中等职业教育结构更加合理,招生规模大体相当;学校办学条件明显改善,满足教育教学基本需要;经费投入机制更加健全,生均拨款制度全面建立;教育质量明显提升,办学特色更加鲜明,吸引力进一步增强"的具体目标,努力形成结构合理、保障有力、多样特色的高中阶段教育,还有许多工作要做。

一、普及高中阶段教育的政策沿革

普及高中阶段教育从政策角度而言是逐渐演变、发展的过程,普及教育首先从义务教育开始,为整个高中阶段教育做好扎实铺垫。高中阶段教育普及先从城市和经济发达的沿海地区开始;而后是高等教育扩招以及"普九"目标实现,双重压力促使高中教育规模扩大;再往后是基本普及,推进普通高中多样化、特色化发展,增强职业教育吸引力;最后是高中阶段教育普及攻坚,实现全面普及。

(一)试点先行：提出普及

20世纪90年代，我国教育改革逐步展开，九年义务教育开始有计划、分阶段地实施，职业技术教育得到相当程度发展，但整个高中阶段教育的普及率很低。为此，1993年，《中国教育改革和发展纲要》指出：大城市市区和沿海经济发达地区积极普及高中阶段教育；普通高中的办学体制和办学模式要多样化；大力发展职业技术教育，形成全社会兴办多种形式、多层次职业技术教育的局面。这是党和国家政策文件中首次谈到高中阶段教育普及问题，高中阶段教育的普及与当地经济社会发展水平以及人们的实际需要紧密相关。积极推动大城市市区和经济发达地区普及高中阶段教育既满足了人们上高中的需求，也适应了我国经济社会发展对人才的需求，同时提升了我国高中阶段教育的普及水平。1999年6月，《中共中央 国务院关于深化教育改革，全面推进素质教育的决定》提出：要进一步调整现有的教育体系结构，扩大高中阶段的教育规模，积极发展包括普通教育和职业教育在内的高中阶段教育，为初中毕业生提供多种形式的学习机会，城市和经济发达地区要有步骤地普及高中阶段教育。

(二)规模扩大：推进普及

20世纪90年代末期，义务教育普及和高等教育扩招对高中阶段教育提出了新的要求，国家在这一时期努力扩大高中教育规模。这是普通高中政策出台最多、国家对普通高中发展更加重视的一个时期。政策基本以"扩大优质高中教育资源，加快高中发展与建设"为导向，力求解决基本普及九年义务教育和高等教育扩招后，人民群众日益增长的接受优质高中教育需求与教育资源供给不足的突出矛盾，解决高中阶段教育不足制约整个教育发展的瓶颈问题，满足广大人民群众的教育需求。1998年12月，《面向21世纪教育振兴行动计划》开始启动，提出了"到2010年，在全面实现'两基'目标的基础上，城市和经济发达地区有步骤地普及高中阶段教育"目标，明确了"深化改革""扩大规模"的主导思想。我国高中阶段教育开始走政策引领下规模扩大的发展路径。进入21世纪后，高中阶段教育成为制约整个教育体系发展的瓶颈，需要不断提高质量，特别是抓住示范高中建设，加快高中教育发展，有条件的地区率先普及高中阶段教育。2002年,经国务院同意,教育部在天津召开了全国高中发展与建设工作经验交流会。会议的中心议题是"坚持教育创新,提高教育质量,加快高中发展",会议认为:高中教育已经成为整个教育发展的瓶颈,必须合理规划高中教育发展,努力拓展优质高中教育资源。时任教育部部长陈至立指出要"抓好示范性高中建设,带动整个高中教育质量的提高";发展优质教育资源一定要坚持"积极进取、实事求是、分区规划、分类指导"的原则。

(三)提高质量:基本普及

2010年,《国家中长期教育改革和发展规划纲要(2010—2020年)》提出加快普及高中阶段教育,到2020年,普及高中阶段教育,满足初中毕业生接受高中阶段教育需求。这一时期,普通高中的主要任务是推动多样化、特色化发展,中等职业教育要增强专业吸引力,要保持普通高中和中等职业学校招生规模大体相当,加快高中阶段教育普及。2012年,党的十八大报告提出基本普及高中阶段教育。加快高中阶段教育普及,实现高中阶段教育的基本普及,是进一步推动高中阶段教育高质量发展,不断满足经济社会发展需要的重要举措。

(四)补齐短板:全面普及

2015年,党的十八届五中全会进一步作出"普及高中阶段教育"的战略决策。2017年,党的十九大报告提出:普及高中阶段教育,努力让每个孩子都能享有公平而有质量的教育;完善职业教育和培训体系;使绝大多数城乡新增劳动力接受高中阶段教育。这一时期,我国高中阶段教育毛入学率快速提高,距离90%的普及目标已很接近,但是发展不平衡,发展质量不高。这一时期的重点是补齐短板,攻重点,全面实现普及任务。中西部地区高中阶段教育是高中阶段教育发展的短板。为了全面推进高中阶段教育的普及,我国加大对农村和中西部贫困地区、少数民族地区教育的扶持力度,越来越多的农村学生接受了高中阶段教育。

2017年,教育部等四部门联合印发了《高中阶段教育普及攻坚计划(2017—2020年)》,明确提出以中西部贫困地区、民族地区、边远地区和革命老区等教育基础薄弱、普及程度较低的地区为攻坚重点,实现到2020年,全国、各省(区、市)毛入学率均达到90%以上的主要目标。教育部还同中西部10个省份签署了《关于高中阶段教育普及攻坚备忘录》,建立了部省协同推进机制,进一步加大对中西部贫困地区的支持力度,攻重点,全面普及高中阶段教育。

二、普及高中阶段教育的成效与主要问题

(一)普及高中阶段教育取得的初步成效

我国普通高中教育实现了规模、速度、质量、效益的协调发展,为提升国民受教育整体水平、巩固义务教育普及成果、适应高等教育大众化做了历史性贡献,为下一步普及高中阶段教育打下了坚实的基础。

1.各地大力推进普及高中工程,高中普及覆盖面扩大

高中阶段教育规模快速扩大,普及水平大幅提高。2011年以来,教育部与国家发展改革委、财政部共同组织实施了教育基础薄弱县普通高中建设项目和普通高中改造计划,支持中西部集中连片特殊贫困地区新建改扩建校舍,改善办学条件,提高普及水平。各地特别是中西部地区也实施了一系列重大工程项目,加大经费投入,努力扩大普通高中教育规模,为更多的初中毕业生提供了接受普通高中教育的机会。[①]2016年,我国高中阶段教育毛入学率达到87.5%,已经基本普及了高中阶段教育。许多中东部地区率先普及了高中阶段教育。我国高中阶段教育毛入学率超过中高收入国家平均水平。入学机会的增加,促进了劳动年龄人口受教育程度的优化。高中阶段教育在夯实大国崛起所需人才的战略储备、加快提高人力资源开发水平方面发挥着重要的支撑作用。

---

① 刘利民.普及高中教育首先应该做什么?[N].光明日报,2015-11-17(14).

> **资料：山东省教育厅厅长左敏代表山东省在全国高中阶段教育普及攻坚工作会议上作典型交流发言（节选）**

山东省共有高中阶段学校1008所，在校生247.48万人。其中，普通高中580所，在校生166.49万人，高中阶段教育毛入学率达到99.86%。

一、完善顶层设计，为高中发展提供政策保障

2014年，省委办公厅、省政府办公厅下发《关于推进基础教育综合改革的意见》，对全省基础教育改革发展进行了系统设计。省教育厅会同有关部门印发了20余个配套文件，从深化课程教学改革、改革招生考试制度、完善教育评价制度、推行校长职级制和县管校聘、强化教师队伍建设、加大投入保障、引入社会监督等方面统筹谋划，为推进新形势下高中教育改革发展提供了有力的政策支撑。

二、改善办学条件，全面消除学校大班额

山东是人口大省，随着城镇化进程的不断加快，教育资源配置滞后，城镇中小学大班额情况非常突出，特别是高中，大班额占比达到74%。为了解决这个基础教育发展的瓶颈问题，2015年省政府办公厅印发《关于解决城镇普通中小学大班额问题有关事宜的通知》，决定用两年时间，总投入1220亿元，加大"人""地""钱"保障力度，解决大班额问题。其中，高中阶段规划投资354亿元，新建、改扩建高中学校239所，新增学位36万个，新增教师1.7万名。目前，已完成投资223亿元，建设学校118所，新增学位15万个。

三、积极适应高考综合改革，完善教学管理和评价机制

作为第二批高考改革试点省份，我们提前部署，全力做应对。按照"两依据一参考"总体思路，规范学业水平考试和综合素质评价。指导各地开

展高中选课走班,修订《普通中小学办学条件标准》,按照每4个班增加一间教室比例设置选修教室,满足教育教学需要。出台《高等学校和普通高中联合育人指导意见》,通过合作共建,拓宽高中学生学习空间,全面提升人才培养质量。试点开展本科高校综合评价招生,打破"一把尺子选才"局限,保证综合素质档案在考试招生中的有效运用。

四、持续加大财政投入,不断强化经费保障水平

据统计,我省普通高中生均公共财政预算教育事业费支出从2010年的5077元,提高到2016年的12546元,翻了一番。普通高中生均公共财政预算公用经费支出从2010年的1071元,提高到2016年的2711元,提高1.5倍。2014年,制定出台了普通高中生均公用经费拨款标准,最低标准为每生每年900元。2011—2016年,全省安排普通高中助学金15亿元,惠及91万学生。2016年起,建档立卡贫困家庭高中生全部免除学杂费,不让一个孩子因家庭困难而失学。

五、破解体制机制障碍,加强教师队伍建设

出台《关于进一步加强中小学教师队伍建设有关问题的意见》,全面推进高中校长职级制改革,取消行政级别,实现校长队伍专业化、职业化。在全省整体推进中小学教师"县管校聘",把"管"的事权回归教育部门,"聘"的职能回归学校,让教师由"学校人"转变为"系统人",为统筹教师资源创造了条件。按照"有编即补、退补相当"的原则解决现有编制教师补充不到位的问题;按照"以县为主、市域调剂、省级统筹"的编制政策,设置周转户,统筹解决总量超编、结构缺编的问题。2015—2016年高中新增教师1.1万名。

(资料来源:山东省高中教育发展的怎样?下一步将如何发展?http://www.sohu.com/a/136714386_387140.)

2.普及过程中注重内涵发展,学校发展特色鲜明

质量是教育的内在生命线。各地在推进普通高中普及过程中,强调规模发展的同时,注重学校内涵的提升。应充分考虑学生的个性发展和未来职业方向,为高中阶段教育多样化发展、特色化发展提供依据。

国家和各省市大力推进普通高中学校特色发展工程,以满足学生个性发展需要。《国家中长期教育改革和发展规划纲要(2010—2020年)》明确鼓励普通高中办出特色,尤其在当前普及高中教育的背景下,普通高中学校只有走自己的办学特色之路,才有立足之地,才有更好的发展空间。为进一步深化教育体制改革,根据《国家中长期教育改革和发展规划纲要(2010—2020年)》的部署,决定在部分地区和学校开展国家教育体制改革试点。北京、上海、黑龙江、新疆和南京等5个地方,承担了普通高中多样化、有特色发展试点项目,各地立足本地实际和发展需求,积极探索高中多样化发展的实现途径和有效推进机制。经过试点改革、经验交流、总结推广和政策引导,我国高中多样化发展的总体要求、实施路径和引导政策不断得以明确。[①]

在多样化发展过程中,总结出了普职融通高中、综合改革高中、学科创新高中、国际高中和艺术体育特色高中等多样化的办学类型,一些有影响的示范区和具有引领价值的特色高中不断涌现。上海市通过实施拔尖创新人才培养项目、高中学生创新素养培育实验项目、特色高中建设项目等推进普通高中学校多样化、特色化发展;湖南省建立了示范高中、综合高中和特色高中共存的多样化办学格局;南京市高淳湖滨高级中学积极探索"普职融通"办学模式;其他各地也积极与社会场馆基地、科研院所进行联合,扩大办学资源、集聚办学特色。这些特色化改革创新,发挥了很好的示范引领作用,为有效培养学生社会责任感、创新精神和实践能力做出了探索性贡献。

课程教学资源始终是高中多样化发展的主要载体,各地各校高中课程教学改革的新探索成为推进高中多样化发展的重要途径。浙江省2012年实施"深化普通高中课程改革方案",通过大幅度增加选修课程比重,提高"选择性",实现学生跨班级、跨年级、跨学校的选课走班,满足每个学生的个性化发展需求。

---

① 王秀军.稳步推进普通高中多样化发展[N].中国教育报,2015-12-17.

北京市有些学校逐步探索建立了包含学科课程、综合实践课程、职业考察课程等适应学生个性差异和选择需要的多类型课程体系。这些课程改革创新举措和更加丰富的教学资源,极大地推动了普通高中多样化、特色化发展,"为每个学生提供适合的教育"由理念转变为现实。[1]

3.普及过程中注重教育质量,学生综合素质提升

各省市在推进普通高中普及过程中,始终将提高教育质量作为普及的基本要求,避免低水平、简单化的规模扩大、数量增加,真正实现有质量的普及。很多省市研究制定高中毕业生学业质量标准,并将其作为高中学生学业水平考试、深化高中阶段课程和教学改革的主要依据。教育部制定课程制度,深化课程改革,加强选修课建设,增强课程的选择性和适宜性。推进学校教育质量综合评价改革,改变单纯以升学率评价教育质量的倾向,发挥评价的正确的育人导向作用。

普通高中课程改革稳步推进,教育质量不断提高。在扩大规模、改善办学条件的同时,国家始终把提高教育质量放在突出位置,全面落实立德树人根本任务。着力推进普通高中课程改革,建立高中学业水平考试制度和学生综合素质评价制度,推动普通高中多样化发展,普通高中的教育理念、教育内容、人才培养方式和考试评价制度发生了深刻变革,促进了学生的全面发展和教育质量的全面提升。在高中教育内涵式发展方面,浙江省紧紧抓住选课选考这个关键,促进高中育人模式转型。具体而言,一是努力建立新的高中教学秩序。《浙江省教育厅关于适应高考招生改革进一步做好普通高中学校教学工作的意见》指导学校根据高考改革完善方案,安排3年教学工作,组织高中新课程方案培训,推进普通高中选修课程建设。二是研究普通高中分类发展政策和措施。浙江省教育厅等四部门出台了《浙江省高中阶段教育高水平发展攻坚计划(2018—2020年)》,研究制定浙江省普通高中学校分类发展指导意见,推进并逐步形成"分类办学、错位发展"格局。

---

[1] 王秀军.稳步推进普通高中多样化发展[N].中国教育报,2015-12-17.

（二）普及高中阶段教育面临的主要问题

普及高中阶段教育既涉及普及率的提升，又关乎育人质量的提高，还牵涉到普职协调发展问题。由于我国幅员辽阔，地区发展差异大，再加上教育发展长期不均衡遗留的一些历史欠账等的影响，普及高中阶段教育是一项长期而艰巨的任务。

1.发展不平衡、不充分

我国中西部贫困地区、民族地区、边远地区和革命老区受经济社会发展水平制约，教育资源不足，高中教育普及程度较低，是高中阶段教育的低部。以2012年数据为例，全国高中阶段毛入学率达到85%，但在集中连片特困地区的680个县中，毛入学率低于70%的有33个，还有83个县甚至没有高中学校。如果以初中毕业生升学率统计，2013年，全国还有5个省份低于80%，其中，西藏自治区低于70%。[①]这些地区面临着"普九"和"普高"的双重压力和任务，需要国家和地方通过实施一批重大工程项目支持这些地区扩大教育资源，改善办学条件，把高中发展的短板补齐。

2.结构不合理、不协调

普及高中阶段教育要坚持普通教育与职业教育协调发展。两类教育如"车之两轮""鸟之两翼"，缺一不可。而我国高中阶段教育在普通教育与职业教育结构方面存在不合理问题。1985年到1997年，我国中等职业教育与普通高中教育在校生比例基本维持在1∶1，在此期间，高中阶段教育毛入学率从20%左右一举跃升到40%左右。1998年到2004年，中等职业教育招生连年缩减，高中阶段教育毛入学率维持在40%左右，未有明显增长。2005年以后，随着中等职业教育招生规模的逐渐扩大，高中阶段教育的毛入学率也有显著提高。然而2016年，我国中等职业学校在校生占高中阶段教育在校生比例下滑至40.25%，高中阶段教育普职大体相当的底线受到极大挑战，也将影响2020年高中阶段教育毛入学率达到90%的普及目标的实现。[②]

---

① 朱益明.普及高中阶段教育的精准发力[N].中国教育报,2017-04-07(3).
② 石伟平,郝天聪.切实普及高中阶段教育 中职教育需要发力[N].光明日报,2017-10-26(14).

3. 活力不充分、不彰显

学校活力是教育健康发展的重要表现。高中阶段教育办学活力的激发是高中阶段教育发展的重要问题,也是在整个教育体系中起到承上启下作用的重要环节。多年来我国大部分高中学校由于受到应试教育的影响,教育观念相对落后,教学内容和方法比较陈旧,办学活力不足,"重知识、轻能力,重传授、轻思考,重理论、轻实践"的传统教育教学方式在学校教育中占主流。普通高中方面,学校特色化、多样化的校本课程和选修课程开发不足,适合学生个性化发展的空间有限,高中教育缺乏吸引力,学生学习意愿和动力不足。中等职业教育方面,由于人们对于中等职业教育认同度的降低,我国用工制度的不完善,以及中等职业教育办学特色不明显等原因,近年来我国中等职业教育吸引力严重不足,萎缩严重。我国高中阶段教育是选择性教育,不能像义务教育那样采取强制措施保证适龄学生按时入学接受三年高中教育,这就导致普及高中阶段教育的目标实现艰难。

4. 认识不全面、不到位

普及高中阶段教育也存在诸多认识上的误区。在九年义务教育高质量普及、高等教育大众化发展的新时期,如何重新思考和定位高中教育的性质,其究竟是单纯的大学预备教育还是"基础+选择"的基础教育等一直是学术界争论的焦点。既然普及高中阶段教育,是不是应将高中教育纳入义务教育?普及高中阶段教育是不是不等于普及普通高中教育?如何兼顾高中阶段教育发展的特殊性,坚持普通高中教育与中等职业教育协调发展?这些问题也是争论的焦点。普及高中阶段教育是不是等于单纯提升普及水平?如何关注有质量的普及?如何突破高中阶段教育升学、分数的怪圈?这些也值得认真研究。此外,受传统观念影响,对职业教育低人一等的思想认识也需要在普及高中阶段教育过程中进一步纠正。

三、加快普及高中阶段教育的政策建议

提高高中阶段教育的普及水平和普及质量,既需要党和政府重视高中教育

发展与改革,也需要社会力量、高中学校等多方力量的共同发力;既要坚持数量的增长,扩大教育规模,不断提升普及水平,满足广大适龄人口接受高中阶段教育的强烈需求,也要注重提升高中阶段教育发展的质量,协调普通高中教育与职业教育的关系,实现良好互动发展,坚持推进普通高中多样化发展,深化育人方式改革,坚持深化职业教育产教研融合,实现高中阶段教育内涵式发展。

(一)完善经费投入机制,保障高中正常运转

建议国家与省级层面尽快出台高中债务化解政策,缓解高中债务压力;尽快出台高中教育经费保障机制,包括生均财政拨款标准、生均公用经费拨款标准、生均成本家庭分担标准,健全政府、社会和家庭的高中教育成本分担机制;根据普及高中阶段教育的实际需要,允许各省根据本地财政收入和人们的收入水平适当提高高中教育收费标准,逐步推动条件较好的地区实行高中阶段免费教育。

(二)重新核定教师编制,切实提高教师待遇

建议相关部门按照2014年11月13日《中央编办 教育部 财政部关于统一城乡中小学教职工编制标准的通知》中规定的高中1∶12.5的师生比重新核定教师编制数,切实解决高中教师编制不足、结构不合理等问题。为大力提高高中教师的学历水平,吸引优秀人才长期从教、终身从教,建议出台提高教师工资福利待遇的政策,比如提高教师教龄津贴,目前教师教龄津贴仍是30多年未变的3元、5元、7元和10元的四档标准。

(三)合理规划学校布局,化解高中大班额问题

根据经济社会发展实际和人口变动情况,科学布局普通高中学校,适度控制学校规模。启动高中学校标准化建设工程,提高高中学校办学条件,加强普通高中学校建设,实施普通高中优质资源扩充工程,加强普通高中薄弱学校改造,在没有普通高中的县,因地制宜新建、改扩建、联办、合办一批普通高中,化解高中大班额问题。

(四)引进优质教育资源,促进高中内涵提升

通过选派优秀校长、教师优先到乡村高中任职任教,鼓励优质高中与乡村高中通过建立联盟、集团化办学、委托管理等措施,整体提升乡村高中办学水平。一是建立全国优质教育管理和优质教学资源平台,供各地免费使用,加快推进教育信息化建设与提升教学质量和育人水平有机整合。二是在国家级教育行政干部、校长及教师培训中加大对贵州等西部地区"订单式"培训的比重,提升培训的针对性和时效性。三是支持全国优质高中与贵州等西部地区普通高中开展结对帮扶、对口帮扶等工作,重点扶持少数民族地区普通高中和薄弱学校,促进普通高中教育整体优质发展。

(五)实施精准资助,增加入学机会

按照"应助尽助、精准资助"原则,对贫困学生进行精准资助,率先对建档立卡的家庭经济困难学生实施普通高中免学杂费,对高中至本科阶段的农村建档立卡贫困学生,在确保原有资助政策基础上,实施新的精准资助政策,扩面提标。通过有效资助,不让一个贫困家庭子女因贫失学,不让一个脱贫家庭因学返贫。

(六)实施高中特色发展计划,推动高中多样化发展

理顺普通高中办学体制机制,规范普通高中办学行为,深入挖掘高中学校教育资源,加速培养模式变革,丰富高中教育内涵,大力推进普通高中多样化办学和特色化发展,加快推进普通高中"选课走班"教育制度,加快综合高中试点建设,推进综合高中发展。调动社会资源参与普通高中教育的积极性,从整体上推动普通高中多样化发展。

(七)加大民办职校资助力度,规范民办学校招生

建议将民办中等职业学校纳入中等职业学校生均公用经费政策享受范围,与公办中等职业学校同等对待。国家进一步加大对办学规范、条件达标、办学效益较高的民办中职学校项目的资金奖补力度。鼓励地方探索民办公助的职

教改革新路子,推进中职教育集团化、学区化办学。针对民办普通高中发展迅速,招生秩序有待规范的情况,尽快出台民办普通高中招生工作的相关要求,规范民办普通高中招生。

(八)深化普职教育改革创新,构建普职融通立交桥

鼓励探索"普职互通"。鼓励各校开展志愿填报互通、学籍互转、学分互认、学科互学、结对互通的普职互通试点工作。继续扩大职业教育招生渠道,发挥职业教育在中西部地区经济社会发展中的重要作用。提高职业院校办学能力,支持中等职业学校与高等职业学校采取"3+2"分段制形式举办高等职业教育,探索开展"3+4"办学模式(3年中职+4年本科)试点,建立中职、高职、应用型本科、大学本科、专业学位研究生相衔接的职业教育人才成长通道,推进中职—高职—本科—研究生的"立交桥"建设,打通中职学生升学通道。

(九)规范职业教育发展,提升办学质量

建议中央和省级层面督促相关部门将法律政策执行到位,如落实国务院规定的"城市教育费附加安排用于职业教育的比例不低于30%""企业按照职工工资总额的1.5%~2.5%提取教育培训经费"等政策。完善中职学校生均经费标准,逐步分类推进中职教育免除学杂费。推广"9+3"免费中职教育模式,重点支持集中连片特困地区建档立卡贫困家庭初中毕业生到省内经济发达地区和东西部协作对口帮扶省市接受中职教育,为承接东部地区产业转移创造人才条件。

第十章
普通高中发展水平已迈入国际中等行列

进入21世纪,社会变革的步伐不断加剧,在这种背景下,教育也进入了一个快速发展的时期。世界各国纷纷开始以增强国家竞争力为目的,对教育进行系统改革。高中阶段教育作为国家教育体系中的重要一环,不仅要为社会提供较高素质的劳动力资源,还要为高等教育提供优质的生源。所以,世界各国对高中阶段教育都非常重视。本章将主要从高中阶段的入学率、高中阶段的经费投入、高中阶段的生师比、高中阶段教师的工资以及工作时间几个方面,对世界上主要国家尤其是经济合作与发展组织(以下称OECD)和20国集团(以下称G20)国家的高中阶段教育与我国的高中阶段教育进行比较,以期对深化我国高中阶段教育改革提供参考。①

一、高中阶段教育入学率的国际比较

(一)中国高中阶段教育毛入学率快速赶超OECD统计国家

在OECD国家,5~14岁年龄段人口的教育已经全面普及,15~19岁年龄段人口的入学率则表明了接受高中阶段教育的个体的数量。所以,这一部分国际高中教育的数据主要参考OECD统计国家15~19岁年龄段人口的入学率。

---

① 经济合作与发展组织(OECD)是一个政府合作讨论解决全球化进程中经济、社会与环境问题的国际经济组织。OECD也努力帮助政府回应新的发展问题,例如机构治理、信息经济与人口老龄化的挑战等。OECD提供了一个政府可以比较政策经验、解决共同面临的问题、发现最佳实践并协调国内与国际政策的机构平台。OECD国家对高中教育非常重视,OECD国家在数据的采集方面路径较为统一,便于进行比较。巴西、中国、印度等是OECD的主要合作伙伴,这些国家的数据被纳入统计数据库。因此,如无特殊说明,本章中关于普通高中发展水平的国际比较部分主要参考OECD的出版物 *Education at a Glance 2018:OECD Indicators* 以及 *Education at a Glance 2017:OECD Indicators* 中相关数据。中国高中的相关数据主要来自《中国教育统计年鉴》和《中国教育经费统计年鉴》。鉴于国际数据的可获得性,部分指标所使用的数据存在一定的滞后性。

1. OECD统计国家15~19岁年龄段人口入学率持续走高

目前,高中阶段教育在大多数OECD统计国家都已得到普及。在这些国家里,随着社会需求的增加,高中阶段的教育得到了充分的发展,从可得的数据可以看出一些政策上的变化,例如,更加弹性的课程、职业教育的改革以及为了让所有人接受教育所做的种种努力。相关数据显示,大部分OECD国家15~19岁年龄段人口入学率普遍较高。2016年,OECD的34个国家15~19岁年龄段人口平均入学率已达到85%,有27个国家达到80%以上,其中,有7个国家超过90%。就整体平均水平而言,从2005年到2016年,OECD国家高中阶段入学率稳步提高了4个百分点,从2005年的81%提高到2016年的85%,增长幅度最大的土耳其则提高了30个百分点。(见表10-1)

2. OECD统计国家15~19岁年龄段人口入学率日趋饱和

从可得数据可以看出,2014年到2016年,OECD国家15~19岁年龄段人口入学率虽有增加,但增长幅度较小。2009年到2011年,平均每年都只比上一年增加1个百分点,基本维持在一个较为稳定的增长状态。这可能是由于这一年龄段的学生基本都已被纳入学校体系之中,而使这一年龄段的入学率达到饱和状态。(见表10-1)

表10-1 中国和OECD统计国家15~19岁年龄段人口入学率(2005—2016年)

(%)

国家(组织)\年份	2005	2006	2007	2008	2009	2010	2011	2012	2013	2014	2015	2016
澳大利亚	m	m	m	m	80	81	84	87	86	87	92	91
奥地利	80	82	79	79	79	78	78	79	79	80	80	78
比利时	94	95	94	92	93	93	94	94	92	92	92	93
加拿大	80	81	80	81	81	81	m	m	73	73	72	78
智利	74	72	74	74	73	75	76	76	79	80	80	81
捷克	90	90	90	90	89	90	90	90	90	90	91	91
丹麦	85	83	83	84	84	85	87	87	88	87	87	86

续表

国家(组织)\年份	2005	2006	2007	2008	2009	2010	2011	2012	2013	2014	2015	2016
爱沙尼亚	87	87	85	84	85	87	87	86	87	90	89	89
芬兰	87	88	88	87	87	87	87	86	86	86	87	87
法国	85	84	84	84	84	84	84	84	85	85	85	85
德国	89	89	88	89	88	89	92	90	89	90	88	86
希腊	97	93	80	83	m	83	84	85	m	83	86	84
匈牙利	87	88	89	89	90	92	92	93	87	86	85	84
冰岛	85	85	84	84	85	88	87	88	88	87	88	87
爱尔兰	89	88	90	90	92	96	93	93	97	95	97	93
以色列	65	65	65	64	64	65	64	65	65	65	66	66
意大利	80	81	80	82	82	83	81	81	78	77	84	83
日本	m	m	m	m	m	m	m	m	m	94	m	m
韩国	86	86	87	89	87	86	86	87	87	87	86	87
卢森堡	72	73	74	75	m	77	m	77	78	92	76	76
墨西哥	48	49	50	52	52	54	56	53	54	56	57	59
荷兰	86	89	89	90	90	91	93	93	91	92	94	93
新西兰	74	74	75	74	81	79	81	83	84	82	82	81
挪威	86	86	87	87	86	86	86	87	87	87	87	87
波兰	92	93	93	93	93	93	93	92	90	89	93	93
葡萄牙	73	73	77	81	85	86	87	87	88	89	89	89
斯洛伐克	85	85	86	85	85	85	85	85	85	85	84	84
斯洛文尼亚	91	91	91	91	91	92	92	92	92	93	94	93
西班牙	81	80	80	81	81	84	86	86	87	87	87	87
瑞典	87	88	87	86	87	86	86	86	86	85	86	87
瑞士	83	84	84	85	85	85	85	84	86	85	86	85

续表

年份 国家(组织)	2005	2006	2007	2008	2009	2010	2011	2012	2013	2014	2015	2016
土耳其	41	45	47	46	53	56	64	59	69	72	70	71
英国	m	70	71	73	74	77	78	78	81	85	84	85
美国	79	78	80	81	81	82	80	81	81	82	82	83
OECD国家平均数据	81	81	81	81	82	83	84	84	84	84	85	85
所有年份数据可得OECD国家平均数据	82	82	82	82	83	83	85	84	m	m	m	m
欧盟成员的22国平均数据	86	85	85	85	86	87	87	87	87	87	88	87
其他G20国家平均数据	m	m	m	m	m	74	74	75	m	m	80	m
阿根廷	m	m	m	71	70	73	73	m	m	72	75	76
巴西	m	m	75	76	75	76	77	78	70	69	68	69
中国	m	m	m	m	m	m	m	m	m	m	m	m
哥伦比亚	m	m	m	m	m	m	m	43	57	44	55	59
哥斯达黎加	m	m	m	m	m	m	m	m	m	51	57	m
印度	m	m	m	m	m	m	m	m	m	m	m	m
印度尼西亚	m	m	m	m	62	60	67	71	71	71	78	m
立陶宛	m	m	m	m	m	m	m	94	94	93	94	94
俄罗斯	74	m	m	77	m	m	78	83	84	83	84	84
沙特阿拉伯	m	m	m	m	m	87	m	84	m	m	94	m
南非	m	m	m	m	m	m	m	77	m	m	m	m

注：入学率是通过计算15~19岁学生占15~19岁人口的百分比得出的，包括公立和私立学校的全日制与非全日制学生。"m"表示数据不可得。

3.中国高中阶段教育毛入学率快速赶超OECD国家平均水平

2016年OECD国家15~19岁年龄段人口入学率的平均值为85%，其中荷兰、爱尔兰等达到93%,而中国这一数据仅为34%,与2010年的33%相比,虽有增加,但增加幅度也仅为1%。差距产生的主要原因是:第一,人口数据和入学率统计口径不一致。有的国家,如卢森堡,由于是学生净输出国,学生入学率可能被低估,而在净输入国,学生入学率则可能被高估。近年来,由于中国高中生出国留学的数量不断增加,也造成这一数据被拉低。第二,由于学校体制不同,在中国,高中阶段适龄人口主要在15~17岁,所以,中国15~19岁的群体中包含了已经完成高中学业的学生,也导致这一数据偏低。

聚焦到中国高中阶段教育毛入学率来看,2009年以前,中国高中阶段教育的毛入学率远低于OECD国家15~19岁年龄段人口的平均入学率;2009年以后,中国高中阶段教育毛入学率与OECD国家15~19岁年龄段人口的平均入学率越来越接近,在2011年这一比例同为84.00%;从2013年开始,我国高中阶段教育毛入学率稳步超过OECD国家平均水平。这说明我国高中阶段教育近些年来发展速度相当快。但需要注意的是,因为学制不同,在我国,高中阶段的学生主要是15~17岁这个年龄段的,所以,中国高中阶段教育的毛入学率与OECD国家15~19岁年龄段人口的入学率较为接近。(见图10-1)

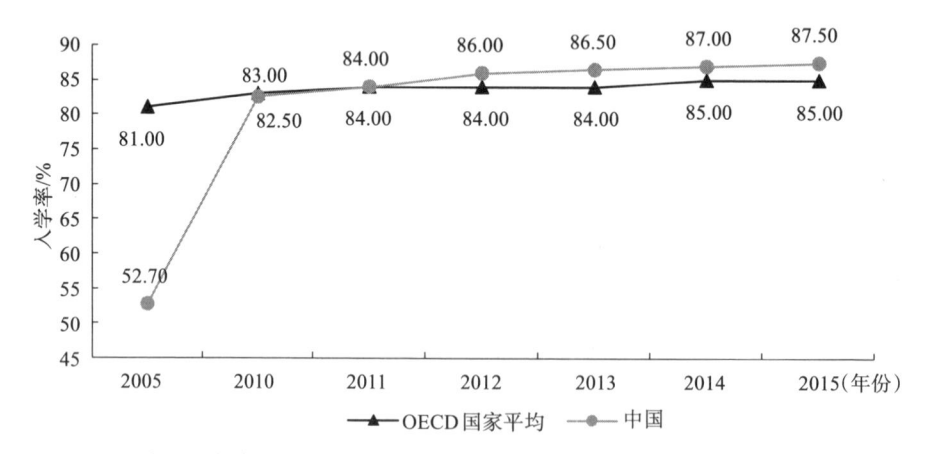

图10-1 中国高中阶段教育毛入学率与OECD国家15~19岁年龄段人口平均入学率比较

注:入学率是通过计算15~19岁学生占15~19岁人口的百分比得出的,包括公立和私立学校的全日制与非全日制学生。

(二)中国高中阶段教育毛入学率位于G20国家中等水平

1.中国高中阶段教育毛入学率与G20国家平均水平持平

G20作为一个国际经济合作论坛,其成员涵盖面广,代表性强。该集团的GDP占全球经济总量的90%,贸易额占全球的80%。因此,与G20国家的高中阶段教育进行比较,对于推动和促进我国高中阶段教育的发展具有重要意义。

从图10-2可以看到,根据联合国教科文组织公布的数据,与部分G20国家相比,中国的高中阶段教育毛入学率依然偏低,2010年为73%,2013年为77%,仅高于巴西、墨西哥等国家。但从中国官方公布的毛入学率数据来看,普及水平基本与G20国家平均水平持平。总的来看,中国高中阶段的毛入学率近几年增长较快,在其他发达国家高中阶段教育毛入学率已经饱和时,中国高中阶段教育毛入学率从2010年到2016年增长了5个百分点。这显示出中国近几年高中阶段教育的飞速发展。

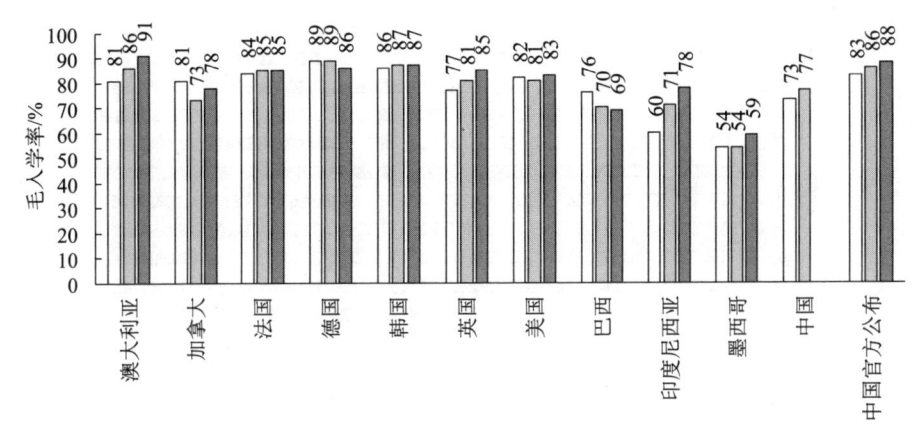

图10-2 部分G20国家高中阶段教育毛入学率比较

注:1.法国数据包括海外部门的数据。

2.2016年的数据统计中,印度尼西亚为2015年的数据,中国官方公布为2015年的数据。

3.2013年的数据统计中,中国的数据为2012年的。2010年的数据统计中,中国的数据为2011年的。2016年中国的数据不可得

4.中国官方公布的数据与联合国教科文组织公布的数据存在差异,是因所用人口数据的不同所致。

2.G20各国高中阶段不同入学模式学生分布差异较大

高中阶段的教育承担着促进人才发展、服务国家建设的功能,实行普通教育与职业技术教育共同发展是高中阶段教育的应有之义。从世界各国来看,注重普通教育与职业技术教育共同发展是一个趋势。但是各个国家略有差异。如图10-3所示,G20国家选择普通课程与职业课程的学生呈现三种分布情况。以2015年为例,其一,选择普通课程的学生比选择职业课程的学生多。比如巴西、加拿大等国选择普通课程的学生超过90%,韩国和日本选择普通课程的学生超过选择职业课程学生的3倍。其二,部分国家选择职业课程的学生比选择普通课程的学生多。如澳大利亚和意大利,选择职业课程的学生与选择普通课程的学生人数比大约是3∶2。其三,部分国家选择普通课程与职业课程的人数比例基本相同,比如德国、中国、俄罗斯。中国高中阶段选择普通课程的占58%,这与前几年数据相比比例略有升高,如2009年中国选择普通课程的学生占49.6%,这与国家的政策有关。

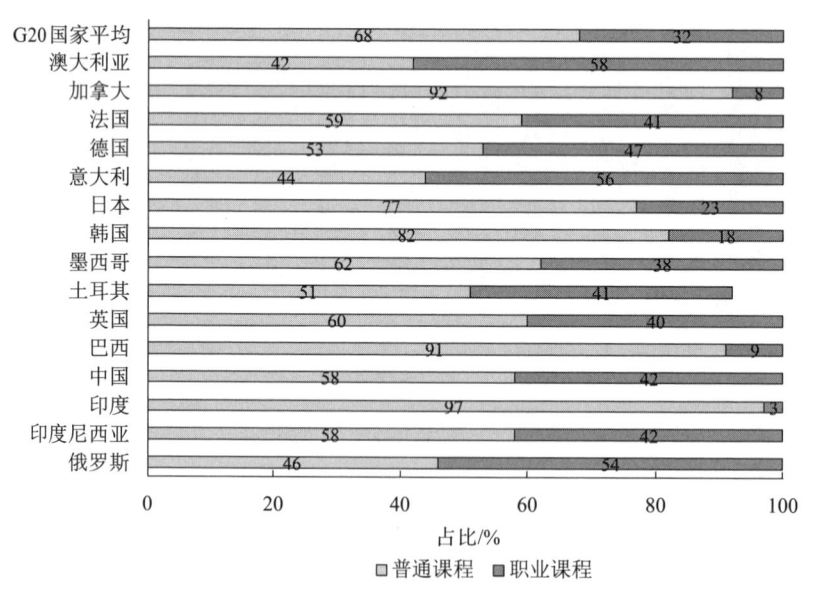

国家	普通课程	职业课程
G20国家平均	68	32
澳大利亚	42	58
加拿大	92	8
法国	59	41
德国	53	47
意大利	44	56
日本	77	23
韩国	82	18
墨西哥	62	38
土耳其	51	41
英国	60	40
巴西	91	9
中国	58	42
印度	97	3
印度尼西亚	58	42
俄罗斯	46	54

图10-3 2015年部分G20国家高中阶段不同入学模式学生分布

(三)中国高中阶段教育毛入学率在人口大国中处于较高水平

1993年,联合国教育、科学及文化组织(UNESCO)将人口数量最多、文盲比率最高的九个国家(包括孟加拉国、巴西、中国、埃及、印度、印度尼西亚、墨西哥、尼日利亚和巴基斯坦)作为世界全民教育发展的"特别优先对象"——九国均为发展中人口大国,这九个人口大国的人口超过世界人口总数的一半,文盲人口占世界文盲总人口的三分之二,并拥有全球一半以上的辍学儿童。这些人口大国目前都面临着一些共同的问题,例如巨大的人口压力、大量的偏远地区人群、庞大的教育系统、相对低水平的中央政府教育经费投入、需要降低成人文盲率等。

从图10-4可以看到,2012年在九个人口大国中,中国的高中阶段教育毛入学率最高,达到77%(UNESCO公布)和85%(中国官方公布),印度尼西亚、墨西哥、埃及、印度居中,约为50%~70%不等,尼日利亚和巴基斯坦的最低,巴基斯坦不到30%。由此可见,在九个人口大国中,中国高中阶段教育的毛入学率处于较高水平。

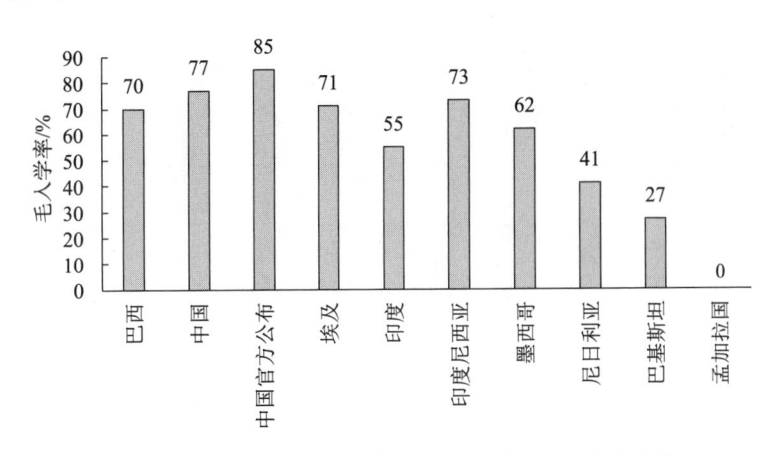

图10-4 2012年九个人口大国高中阶段教育毛入学率比较

注:中国官方公布的数据与教科文组织公布的数据的差异,是因所用人口数据的不同所致。巴西数据为2013年的数据。孟加拉国的数据不详。

(数据来源:UNESCO:*Education for all global monitoring report 2015*,《中国教育统计年鉴》)

(四)中国高中阶段教育毛入学率在世界上处于中等水平

世界各大洲不同地区的高中阶段教育的发展千差万别。对中国和世界各个不同地区的高中阶段教育发展水平进行对比,可以帮助我们较为准确地认识中国的高中阶段教育在全世界范围内处于何种水平,有助于我们在学习和借鉴他国高中阶段教育发展先进经验的基础上更好地促进中国高中阶段教育的发展。

1. 中国高中阶段教育毛入学率在世界处于中等水平

从图10-5中我们可以看到世界各个不同地区高中阶段教育毛入学率的变化,北美和西欧、中东欧以及中亚的高中阶段教育毛入学率较高,北美和西欧在2013年和2016年均已超过100%,而2013年西南亚、阿拉伯国家和撒哈拉以南非洲等地区的高中阶段教育毛入学率都相对较低,均不足60%,撒哈拉以南非洲地区则更是不足40%。从世界各个不同地区高中阶段教育毛入学率的分布来看,中国处于中等水平。

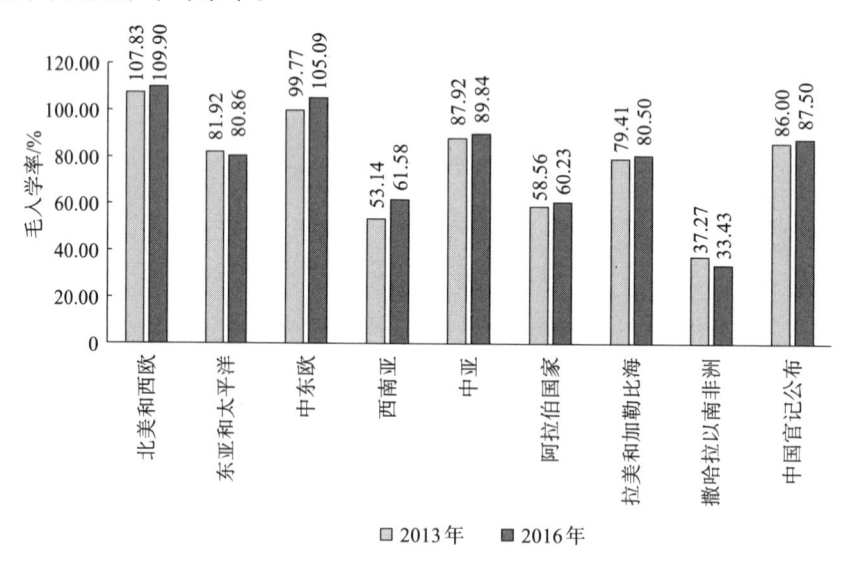

图10-5 世界主要地区高中阶段教育毛入学率比较

注:中国官方公布的数据与联合国教科文组织公布的数据的差异,是因所用人口数据的不同所致。

2. 中国高中阶段教育毛入学率高于发展中国家平均水平

从图10-6可见,因世界各国经济发展水平不同,目前发达国家和转型国家的高中阶段教育毛入学率最高,2012年的毛入学率分别是100%和98%,发展中国家2012年的高中阶段教育毛入学率仅为56%,略低于62%的世界平均水平。2017年中国高中阶段教育的毛入学率达到88.3%,与2012年发展中国家的平均水平相比,高出32.3个百分点(UNSECO),远高于发展中国家的平均水平,并且也高于世界平均水平26.3个百分点(UNSECO)。①

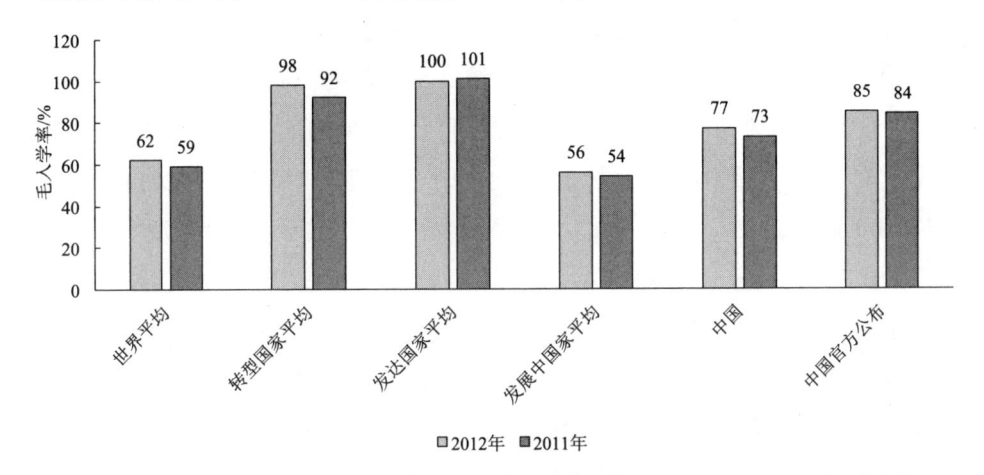

类型	2012年	2011年
世界平均	62	59
转型国家平均	98	92
发达国家平均	100	101
发展中国家平均	56	54
中国	77	73
中国官方公布	85	84

图10-6 不同类型国家高中阶段教育毛入学率比较

(数据来源:UNESCO: *Education for all global monitoring report 2015*, *Education for all global monitoring report 2013*,《中国教育统计年鉴》)

---

① 各类型国家平均数据为本书写作时可得的最新数据。

二、高中阶段教育经费投入的国际比较

(一)中国高中阶段教育经费投入与OECD统计国家还有较大差距

1. 中国高中阶段教育生均教育经费支出低于OECD统计国家平均水平

从图10-7可以看出,在OECD统计国家中,除了土耳其、墨西哥、智利之外,其他国家的高中阶段教育生均教育经费支出都超过5000美元(2014和2015年,瑞典2014年数据不可得),美国、英国、瑞士、挪威、新西兰、荷兰、卢森堡、韩国、日本、爱尔兰、德国、法国、加拿大、比利时、奥地利、澳大利亚在2014年已突破10000美元,2015年瑞典、挪威、卢森堡、奥地利则超过了15000美元。

OECD统计国家在2015年高中阶段教育生均教育经费支出平均为10281.000美元。相比之下,中国高中阶段教育生均教育经费支出远远落后于OECD统计国家。2014年中国普通高中生均教育经费为9024.960元,约合1340.268美元;2015年中国普通高中生均教育经费为12315.000元,约合1829.000美元。与亚洲的日本、韩国相比,差距同样较大。在2015年高中阶段教育生均经费支出上,日本和韩国分别为11715.218美元和13247.000美元。

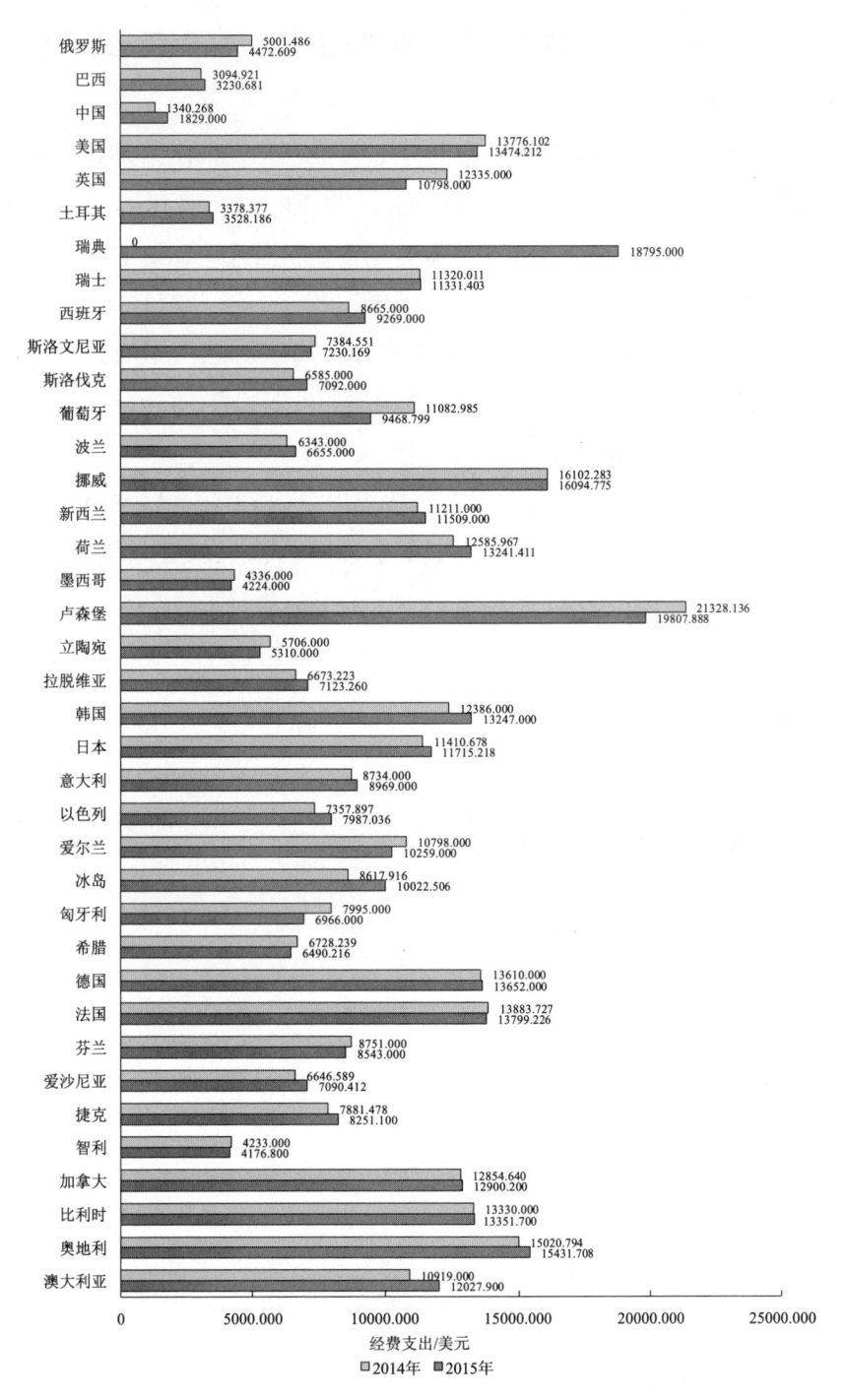

第十章 普通高中发展水平已迈入国际中等行列

国家	2014年	2015年
俄罗斯	5001.486	4472.609
巴西	3094.921	3230.681
中国	1340.268	1829.000
美国	13776.102	13474.212
英国	12335.000	10798.000
土耳其	3378.377	3528.186
瑞典	0	18795.000
瑞士	11320.011	11331.403
西班牙	8665.000	9269.000
斯洛文尼亚	7384.551	7230.169
斯洛伐克	6585.000	7092.000
葡萄牙	11082.985	9468.799
波兰	6343.000	6655.000
挪威	16102.283	16094.775
新西兰	11211.000	11509.000
荷兰	12585.967	13241.411
墨西哥	4336.000	4224.000
卢森堡	21328.136	19807.888
立陶宛	5706.000	5310.000
拉脱维亚	6673.223	7123.260
韩国	12386.000	13247.000
日本	11410.678	11715.218
意大利	8734.000	8969.000
以色列	7357.897	7987.036
爱尔兰	10798.000	10259.000
冰岛	8617.916	10022.506
匈牙利	7995.000	6966.000
希腊	6728.239	6490.216
德国	13610.000	13652.000
法国	13883.727	13799.226
芬兰	8751.000	8543.000
爱沙尼亚	6646.589	7090.412
捷克	7881.478	8251.100
智利	4233.000	4176.800
加拿大	12854.640	12900.200
比利时	13330.000	13351.700
奥地利	15020.794	15431.708
澳大利亚	10919.000	12027.900

经费支出/美元

图10-7 2014年、2015年中国和OECD统计国家高中阶段教育生均教育经费支出

注：瑞典2014年数据缺失。

2.中国和OECD统计国家的高中阶段教育生均教育经费支出占人均GDP的比例差别不大

一般认为,人均GDP和教育机构生均教育经费支出之间存在明显的正相关关系:较穷的国家生均教育经费支出比较富国家少,这在图10-7中已经被证实。但是,生均教育经费支出与生均教育经费支出占人均GDP的比例并不相同,后者可被视为国家对高中学龄人口的资源投入能力。从图10-8可以看到,奥地利、法国、韩国、新西兰、挪威和葡萄牙高中阶段教育生均教育经费支出占人均GDP的比例都已超过30%,在OECD国家和欧盟国家,高中阶段教育生均教育经费支出占人均GDP的比例大都已接近30%。

虽然中国高中阶段教育生均教育经费支出与OECD统计国家相比具有较大差距,但是在高中阶段教育生均教育经费支出占人均GDP的比例方面,中国与OECD统计国家的平均水平相差不大,两者保持基本持平的态势。

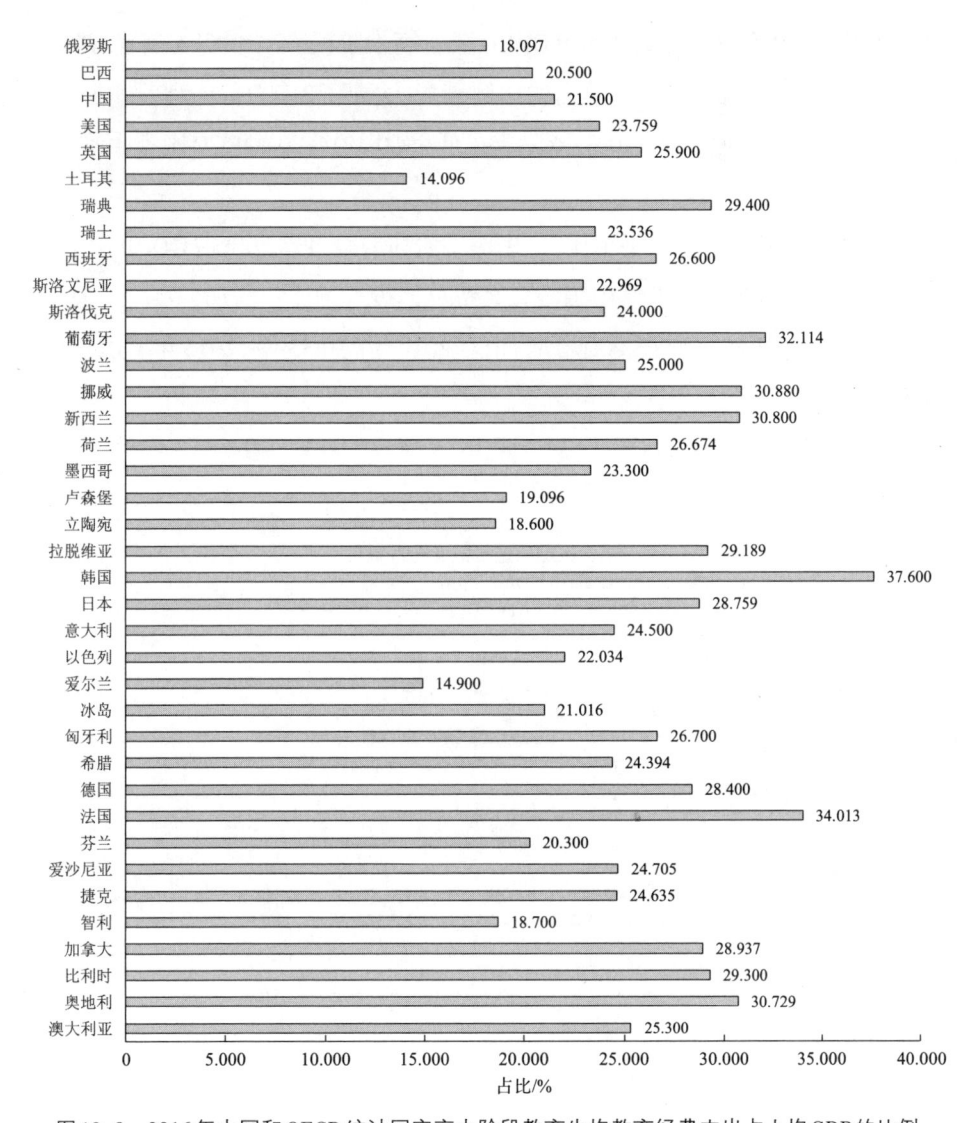

国家	占比/%
俄罗斯	18.097
巴西	20.500
中国	21.500
美国	23.759
英国	25.900
土耳其	14.096
瑞典	29.400
瑞士	23.536
西班牙	26.600
斯洛文尼亚	22.969
斯洛伐克	24.000
葡萄牙	32.114
波兰	25.000
挪威	30.880
新西兰	30.800
荷兰	26.674
墨西哥	23.300
卢森堡	19.096
立陶宛	18.600
拉脱维亚	29.189
韩国	37.600
日本	28.759
意大利	24.500
以色列	22.034
爱尔兰	14.900
冰岛	21.016
匈牙利	26.700
希腊	24.394
德国	28.400
法国	34.013
芬兰	20.300
爱沙尼亚	24.705
捷克	24.635
智利	18.700
加拿大	28.937
比利时	29.300
奥地利	30.729
澳大利亚	25.300

图 10-8　2016年中国和OECD统计国家高中阶段教育生均教育经费支出占人均GDP的比例

3. 中国和OECD国家的高中阶段教育经费支出占GDP的比例差别较大

教育经费支出是国家的一项重要投资，它不仅有助于提高教育质量，还将促进经济增长，提高生产力，推动社会发展。高中阶段教育经费支出占GDP的比例，反映了一个国家是否赋予高中教育优先地位。

从图10-9可以看出，2015年OECD国家高中阶段教育经费支出占GDP的比例平均在1%左右，其中以色列的比例最高，达到了2.141%，比利时和挪威也较高，达到了1.810%和1.470%，立陶宛最低，为0.491%，是OECD国家中唯一一个低于0.500%的国家。

与OECD国家平均水平相比，中国高中阶段教育经费支出占GDP的比例较低，2015年为0.420%。随着中国教育经费总体投入的逐年增加，高中阶段教育经费支出占GDP的比重在不断增加，相对2010年的0.330%，2015年增加了近1个百分点。

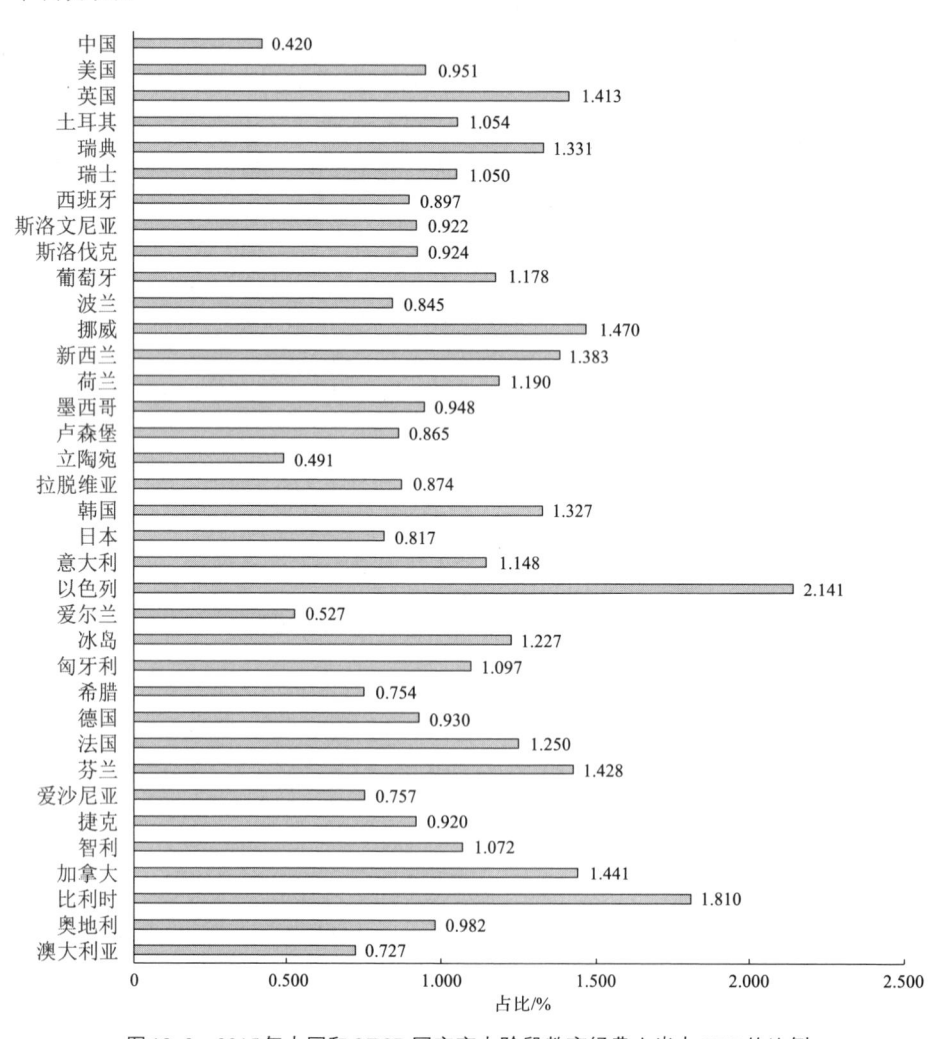

国家	占比/%
中国	0.420
美国	0.951
英国	1.413
土耳其	1.054
瑞典	1.331
瑞士	1.050
西班牙	0.897
斯洛文尼亚	0.922
斯洛伐克	0.924
葡萄牙	1.178
波兰	0.845
挪威	1.470
新西兰	1.383
荷兰	1.190
墨西哥	0.948
卢森堡	0.865
立陶宛	0.491
拉脱维亚	0.874
韩国	1.327
日本	0.817
意大利	1.148
以色列	2.141
爱尔兰	0.527
冰岛	1.227
匈牙利	1.097
希腊	0.754
德国	0.930
法国	1.250
芬兰	1.428
爱沙尼亚	0.757
捷克	0.920
智利	1.072
加拿大	1.441
比利时	1.810
奥地利	0.982
澳大利亚	0.727

图10-9 2015年中国和OECD国家高中阶段教育经费支出占GDP的比例

(二)中国高中阶段教育经费投入低于G20国家平均水平

1.中国高中阶段教育生均教育经费支出位于G20国家中下水平

2015年,绝大多数G20国家的高中生均教育经费支出都超过了10000.00美元,而加拿大、法国、澳大利亚、德国、韩国和美国的高中阶段教育生均教育经费支出更是超过了12000.00美元。相比之下,墨西哥、巴西和中国的高中阶段教育生均教育经费支出最低,均低于5000.00美元。2015年,中国的高中生均教育经费支出最低,仅为1829.00美元。同时,2014与2015两年的数据比较而言,绝大多数国家2015年高中阶段教育生均教育经费支出都较2014年有所增长。这说明各国对于高中阶段教育的重视程度越来越高。(见图10-10)

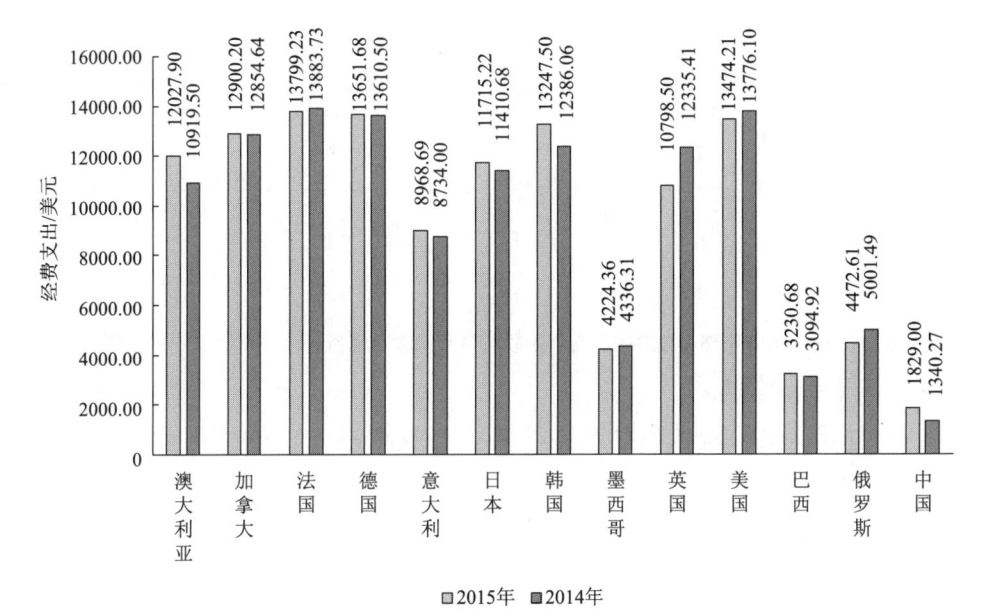

图10-10 部分G20国家高中阶段教育生均教育经费支出比较

注:基于全日制折算,GDP以购买力平价转换后的等值美元表示。

2.中国高中阶段教育生均教育经费支出占人均GDP的比例与G20国家差距不大

生均教育经费支出与生均教育经费支出占人均GDP的比例并不相同,后者可被视为国家投入到高中学龄人口的资源。从图10-11可以看到,2015年法国和韩国高中阶段教育生均教育经费支出占人均GDP比例较高,韩国达到37.60%,法国达到34.01%。澳大利亚、加拿大、日本、德国、意大利、墨西哥、英国、美国等国家大多是在20%~30%之间。俄罗斯最低,仅为18.10%。中国的高中阶段教育生均教育经费支出虽然比大多数的G20国家都低,但是在高中阶段教育生均教育经费支出占人均GDP的比例上,中国却和大多数G20国家差异不大,为21.50%。

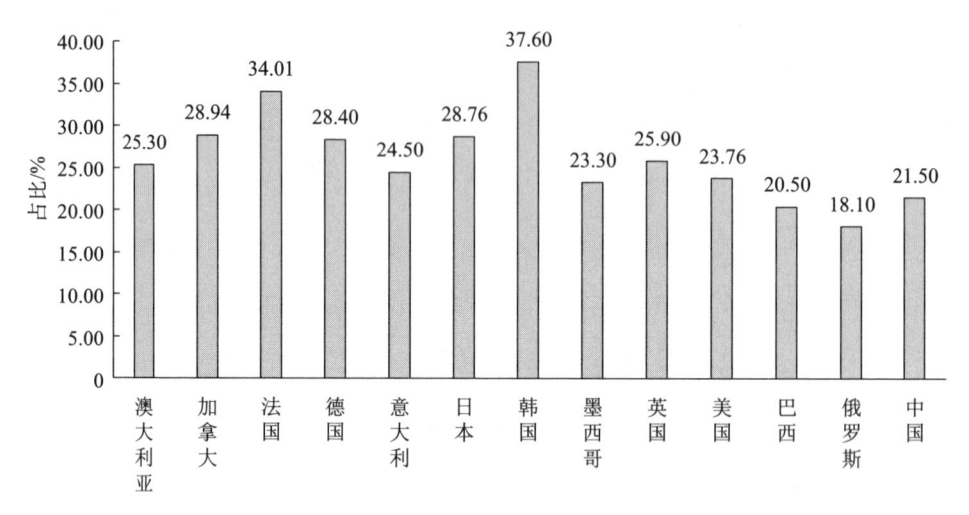

图10-11 2015年部分G20国家高中阶段教育生均教育经费支出占人均GDP的比例

注：基于全日制折算。

3. 中国高中阶段教育财政性教育经费支出占GDP的比例远低于G20国家的平均水平

高中阶段教育经费支出占GDP的比例反映了一个国家是否赋予高中教育优先地位。从图10-12中可见,2015年,加拿大、英国、韩国和俄罗斯的高中教育经费支出占GDP的比例都达到或超过了1.300%。而2015年中国高中阶段教育经费支出占GDP的比例仅为0.420%。中国高中阶段教育经费支出占GDP的比例低与中国教育财政性经费占GDP的比例整体较低是密切相关的。中国随着近两年财政性教育经费投入量的增加,高中阶段教育财政性教育经费支出占GDP的比重也在逐渐增加。

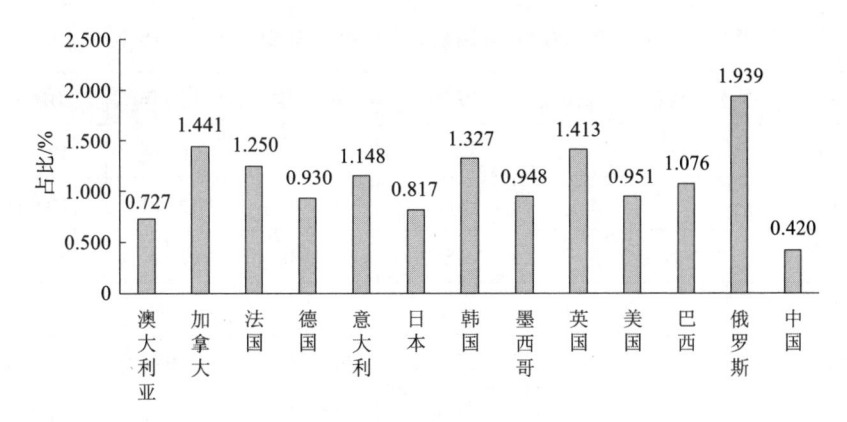

图 10-12　2015年部分G20国家高中阶段教育经费支出占GDP的比例

三、高中阶段教育生师比、教师工资、工作时间的国际比较

(一)中国高中阶段教育生师比略高于OECD统计国家平均水平

生师比常用于比较特定教育阶段和相似类型的教育机构中的学生数与教师数。一般来讲,生师比可以体现教育资源的配备情况,较低的生师比意味着教师所教的学生数越少,越有利于教育质量的提高。

由表10-2可以发现,这些国家高中阶段的生师比差异较大。2016年,印度、哥伦比亚、巴西等国的生师比最高,平均每个全日制教师负担25~30个左右的学生,而在立陶宛、卢森堡、比利时、拉脱维亚等国家每位教师负担的学生不足10人。2014年,OECD国家高中阶段平均每个教师需要负担约14个学生,欧盟22国高中阶段平均每个教师需要负担约13个学生,在中国,平均每个教师需要负担约17个学生,高于OECD国家和欧盟22国的平均水平。同时也可以发现,从2013年到2016年,中国高中阶段的生师比在不断缩小,从2013年的17.500∶1减少到2016年的15.085∶1。

表10-2　中国与OECD统计国家高中生师比情况(2013—2016年)

国家(组织)	2013年	2014年	2015年	2016年
澳大利亚	12.022	a	12.254	12.121
奥地利	9.854	9.992	10.149	10.095
比利时	9.869	9.940	9.924	9.803
加拿大	13.773	12.794	12.966	12.244
智利	25.062	23.879	22.974	22.084
捷克	11.090	11.651	11.135	11.022
丹麦	a	13.090	a	a
爱沙尼亚	14.120	14.649	15.229	15.346
芬兰	15.994	16.244	16.474	17.213
法国	10.128	10.438	a	11.301
德国	13.215	13.060	12.997	12.904
希腊	8.068	a	a	a
匈牙利	12.040	12.487	11.472	11.106
冰岛	a	a	a	a
爱尔兰	a	a	a	13.754
以色列	a	10.553	a	10.894
意大利	a	12.494	12.469	10.374
日本	11.720	11.935	11.961	11.830
韩国	15.085	14.534	14.090	13.761
拉脱维亚	10.194	10.042	9.748	9.829
立陶宛	8.036	8.091	8.081	7.659
卢森堡	7.129	8.924	10.754	8.986
墨西哥	27.335	20.607	19.977	19.957
荷兰	a	a	18.033	17.895
新西兰	13.328	13.113	12.767	12.608

续表

国家(组织)	2013年	2014年	2015年	2016年
挪威	10.338	10.332	10.280	10.195
波兰	11.018	10.870	10.270	10.157
葡萄牙	8.397	8.906	9.698	9.572
斯洛伐克	13.581	13.524	13.537	13.505
斯洛文尼亚	13.492	13.687	13.435	14.175
西班牙	11.048	11.285	11.124	10.697
瑞典	12.790	13.809	14.402	13.678
瑞士	a	a	a	a
土耳其	15.619	14.762	14.145	12.557
英国	18.511	16.349	26.098	16.469
美国	15.362	15.457	15.376	15.488
OECD国家平均数据	a	13.339	a	a
阿根廷	a	a	a	a
巴西	15.740	15.355	23.642	24.084
中国	17.500	16.526	15.633	15.085
哥伦比亚	22.942	21.903	23.879	25.597
哥斯达黎加	13.812	14.286	13.858	12.608
印度	32.056	33.292	33.020	30.250
印度尼西亚	16.850	16.577	a	14.417
俄罗斯	a	a	a	a
沙特阿拉伯	11.228	11.416	a	a
南非	a	a	17.091	17.091
欧盟成员的22国平均数据	a	12.598	a	a

注:"a"表示数据不可得。

(数据来源:OECD: *Education at a Glance 2014,2015,2016,2017*)

(二)中国高中阶段生师比与G20国家的平均水平持平

从图10-13我们可以看到,2016年,G20国家高中阶段生师比平均为15.00∶1。其中,意大利的生师比较低,一名高中教师负担的学生大约10个。在南非、墨西哥和巴西,每个高中教师要负担的学生都超过了17个。巴西高中阶段的生师比最高,达到24.08∶1。2016年中国高中阶段的生师比为15.09∶1,与G20国家的平均水平持平。

同时,从图中可见,从2015年至2016年,绝大多数G20国家的高中阶段生师比保持稳定,部分国家略有下降(英国2015年的数据比较特殊,其他国家这两年的数据保持稳定)。

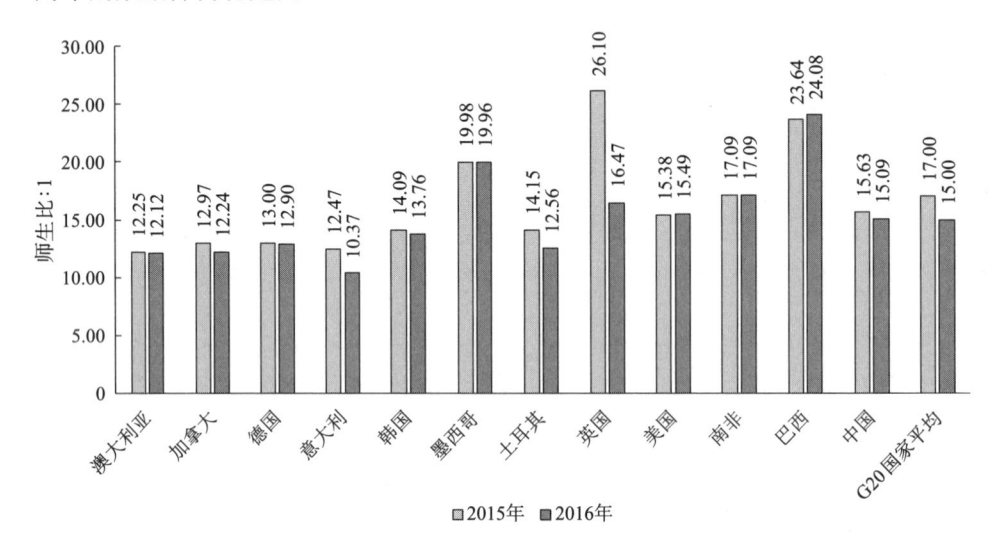

图10-13　2015年和2016年部分G20国家高中阶段生师比

注:G20国家仅选取部分国家。

(三)OECD统计国家(地区)普通高中教师工资差距较大

从表10-3可以看出,OECD统计国家(地区)普通高中教师工资都会随着教龄的增加而增长,有些国家如韩国、奥地利、以色列、荷兰、日本、美国等,高中教师工资增长幅度较大。2017年,韩国教师的起点工资为29738美元,最高工资为84185美元,最高工资约是最低工资的2.8倍,而澳大利亚、丹麦、冰岛、挪威、土耳其等国高中教师工资增长幅度较小,最高工资仅为最低工资的1.4倍甚至更低。因为OECD指标中并无中国高中教师工资相关数据,所以缺乏可比性,但是,表10-3中各国普通高中教师的工资以及工资的变化情况对我国现阶段调整高中教师工资具有一定的参考价值。

表10-3 2017年OECD统计国家(地区)普通高中教师法定工资

单位:美元

国家(地区)	起点工资(最低程度培训)	10年教龄工资(最低程度培训)	15年教龄工资(最低程度培训)	最高工资(最低程度培训)
澳大利亚	41798	59043	59568	59568
奥地利	40460	50880	57533	83660
比利时弗兰芒语区	45038	57404	65463	78894
比利时法语区	43593	55566	63369	76373
加拿大	39222	62860	65474	65474
智利	24028	29804	35111	44959
捷克	18971	20165	21044	24862
丹麦	42841	55675	55675	55675
英格兰	28011	..	47688	47688
爱沙尼亚	19529	..	..	..
芬兰	38261	45951	47789	50656
法国	31003	35106	37450	54010
德国	63866	77619	81260	92386
希腊	19374	22754	25998	37699
匈牙利	15752	21265	22840	29928
冰岛	30347	31805	32706	41414
爱尔兰	33962	55761	60053	69306
以色列	20666	27221	30580	49298
意大利	30739	34879	38581	48121
日本	30631	43847	51593	65658

续表

国家(地区)	2017年			
	起点工资(最低程度培训)	10年教龄工资(最低程度培训)	15年教龄工资(最低程度培训)	最高工资(最低程度培训)
韩国	29738	45088	52747	84185
卢森堡	79551	99439	109734	138279
墨西哥	49286	57031	60886	65843
荷兰	41309	63345	72778	84469
新西兰	31238	47589	47589	47589
挪威	47211	52171	52171	57740
波兰	15600	20926	25553	26636
葡萄牙	32887	40041	42489	65417
苏格兰	33531	44588	44588	44588
斯洛伐克	26823	33099	40351	48166
斯洛文尼亚	15600	20926	25553	26636
西班牙	43565	47241	50257	61543
瑞典	37566	43771	44891	52217
瑞士	71249	91416	..	109240
土耳其	26219	27223	28835	33288
美国	40517	54609	63006	70900
OECD国家平均数据	34943	46244	48697	59639
欧盟成员的22国平均数据	33781	44886	48884	58736

注:".."表示数据不可得。

(四)中国普通高中教师法定工作时间少于OECD统计国家

表10-4呈现了OECD统计国家(地区)普通高中教师在教学周数、教学天数、净教学时数、规定在校工作时数和法定工作总时数的基本情况。教学周数

是一学年内除了休假周之外的教学周数。由下表可以看出,在2017年,OECD统计国家普通高中教师法定教学周数在33~40周之间,澳大利亚、德国为40周,爱尔兰最少,只有33周。OECD国家高中教师平均教学周数为37周。比较而言,中国普通高中教师的教学周数相对较少,只有35周。

表10-4　2017年中国与OECD统计国家(地区)普通高中教师工作时间

国家(地区)	教学周数	教学天数	净教学时数	规定在校工作时数	法定工作总时数
澳大利亚1	40	195	797	1239	..
奥地利1	38	180	589	..	..
比利时弗兰芒语区1	37	128	498	..	..
比利时法语区1	36	179	596	..	..
加拿大1	37	183	746	1236	..
智利2	38	178	1064	1830	1962
捷克1	39	187	589	..	1560
丹麦1	..	..	405	..	1680
英格兰1	38	190	..	..	1265
爱沙尼亚1	35	172	568	..	1540
芬兰3	38	187	547	642	..
法国1	36	..	684	..	1607
德国1	40	193	719	..	1782
希腊1	35	172	594	1176	..
匈牙利3	38	181	652	1158	1664
冰岛1	36	175	485	1440	1800
爱尔兰1	33	164	722	811	..
以色列1	36	173	610	1166	1166
意大利4	39	174	626	..	..
日本4	39	196	511	..	1883
韩国3	38	190	551	..	1520

续表

国家(地区)	教学周数	教学天数	净教学时数	规定在校工作时数	法定工作总时数
拉脱维亚1	35	170	1020	1050	1760
卢森堡1	..	..	..	..	..
墨西哥1	36	171	838	971	..
荷兰2	..	..	750	..	1659
新西兰1	38	190	760	950	..
挪威2	38	190	523	1150	1688
波兰1	37	175	473	..	1464
葡萄牙2	38	168	616	920	1458
苏格兰2	38	190	855	1045	1365
斯洛伐克1	39	189	567	..	1568
斯洛文尼亚1	38	190	570	..	..
西班牙1	36	171	693	1140	1425
瑞典	..	..	..	1360	1767
瑞士	39	190	646	..	2142
土耳其1	38	180	504	836	1592
美国5、6	36	180	966	1446	2047
OECD国家平均数据	37	180	657	1135	1640
欧盟成员的22国平均数据	37	177	635	1034	1571
巴西	42	200	..	..	..
中国	35	175	..	..	..
哥伦比亚1	40	200	1200	1350	1600
立陶宛1	34	168	603	..	1584

注：1为标准教学时间，2为最多教学时间，3为最少教学时间，4为每所学校在学年初的平均计划教学时间，5为实际教学时间，6为2016年数据，".."表示数据不可得。

2017年，与OECD统计国家相比，中国高中教师的教学周数相对较少，

OECD国家平均教学周数为37周,而中国只有35周。澳大利亚、德国、巴西、哥伦比亚高中教师教学周数最多,等于或超过40周,爱尔兰最少,为33周。在教学天数上,巴西、哥伦比亚为200天,德国、英格兰、苏格兰、韩国、新西兰、斯洛文尼亚等国家也高达190天甚至更高,高中教师教学天数最少的是葡萄牙、爱尔兰和比利时弗兰芒语区,分别是168天、164天和128天,其他各国均已达到或超过170天。而中国高中教师的教学天数为175天,相比OECD统计各国,则处于偏低水平。(见图10-14)

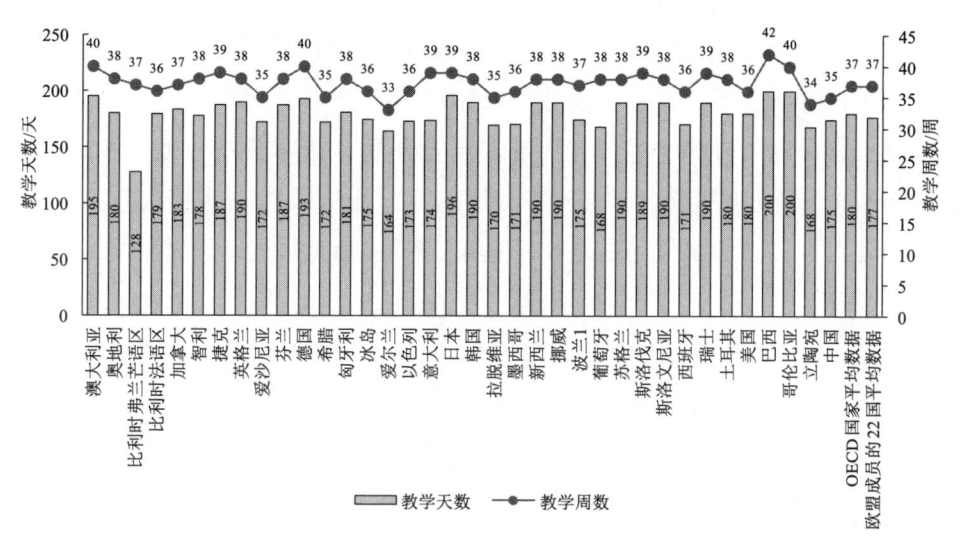

图10-14　2017年中国与OECD统计国家(地区)高中教师教学周数与教学天数

后 记

本书是中国教育科学研究院2016年度基本科研业务费专项资金所级部门项目"我国普通高中发展报告2016"(课题批准号:GYH2016005)的研究成果,由中国教育科学研究院基础教育研究所完成。

本书是团队合作的结果、集体智慧的结晶、协同创新的尝试。课题主持人陈如平,负责课题研究的整体设计、组织协调和实施推进;研究项目实际执行人李建民,具体承担书稿框架设定与修改、全书统稿、内容撰写等任务。各章节内容撰写由课题成员分担,具体分工为:前言、后记由陈如平、李建民执笔;第一章由李建民执笔;第二章由方铭琳执笔;第三章由牛楠森执笔;第四章由徐金海执笔;第五章由李建民、朱忠琴执笔;第六章由张杰夫执笔;第七章由李红恩执笔;第八章由单志艳执笔;第九章由王玉国执笔;第十章由朱忠琴执笔。

本书得到教育部基础教育司有关领导的指导、支持和帮助,得到中国教育科学研究院领导的大力支持和鼓励,从框架形成到具体撰写都提供了宝贵意见。在此,课题组全体成员对各位领导的关心与支持表示衷心的感谢和诚挚的敬意。课题组还要特别感谢有关单位和专家的鼎力相助与大力支持。正是在多方支持和课题组全体成员的共同努力下,课题研究和书稿撰写才得以如期完成。

由于时间和水平所限,我们收集和使用数据资料等难免存在不足,加之课题组每位成员的研究积淀等各不相同,使得本书质量可能仍存在提升的空间。敬请各位读者批评指正。

2019年7月